骨格診断アドバイザー検定2級・1級公式テキスト

似合う！がわかる

骨格診断の教科書

二神弓子

西東社

はじめに

　2017年に『骨格診断×パーソナルカラー　本当に似合う服に出会える魔法のルール』を発行してから数年の歳月が経ち、今ではアパレルやSNSなどにより多くの方に骨格診断メソッドを知っていただけるようになり、とても嬉しく思っています。それと同時に、骨格診断について都市伝説のような情報も増えたことから正しい知識の普及を目指し、2020年10月、骨格診断アドバイザー検定をスタートしました。

　本書は検定試験の合格を目指すための教科書であると同時に、普段のファッションに骨格診断メソッドを取り入れたい方にも役立つよう、たくさんの知識を詰め込みました。

　自分の特徴を活かしたファッションは、パーソナルカラーメソッドと骨格診断メソッドを組み合わせることにより成立するものではありますが、本書では色については触れず、骨格診断メソッドだけにフォーカスして解説しています。そのため、アイテムごとの解説チャートのイラストにはあえて色をつけずモノクロで表現しました。

　また、ファッションアイテムはトレンドにより常に変化します。例えば、ティアードスカート。10年前にはウェーブタイプが得意とするアイテムでしたが、デザインが変化し、今はナチュラルタイプが似合うものが多くなっています。プロの骨格診断アドバイザーとして活動したい方はテキストの丸暗記ではなく、なぜそれが苦手なのか、得意なのか、という理由から理解しておく必要があります。資格を取得した後も、新たなトレンドアイテムについて誰に似合うものか？　を判断できるアドバイザーになっていただけると幸甚です。

　本書を手に取ってくださったみなさまが、骨格診断メソッドにより自分の魅力と強みを理解して、もっと大好きな自分に出会い、そして人生にもっと多くの喜びを感じてもらえたら、とても嬉しいです。

二神弓子

いつも
同じような服
ばかり
買ってしまう

SNSや
ファッション雑誌を
真似しても、なんだか
似合わない

その悩みぜ〜んぶ

骨格診断で

年を重ねると
似合う服がどんどん
減ってきた気がする

なんだか
着太りして
見える服がある

ファッション関連の
仕事に活かせる
知識がほしい

パーソナル
スタイリスト
として強みがほしい

解決できます！

SNSで
ファッションについて
発信したい

骨格診断のメソッドのポイントは

似合う「デザイン」と「素材」がわかること！

自分はVネックのTシャツが似合う気がする…

自分はピタッとした服を着ると

着太りしているような気がする…

今までなんとなく感じていた
似合う、似合わないの悩みを

論理的に理解できる ようになります！

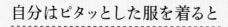

骨格診断で、自分に似合うもの、
似合わないもののルールを学べば、

年を重ねても、

トレンドが移り変わっても、

自分の魅力を最大限に引き出しつつ、

一生涯にわたってファッションを

楽しめる知識が身につきます。

もっとおしゃれになりたい！
ファッションをもっと楽しみたい！
効率よく服を選びたい！

そういった個人の願いを叶えることはもちろん、

骨格診断の知識は仕事においても あなたの強みになります。

今やアパレル業界のみならず、
ウェディング業界やパーソナルスタイリング、
イメージコンサルタント、
ボディメイクトレーナー、美容師などなど…
さまざまな業界や職種の方が
骨格診断のメソッドを取り入れ、
骨格診断アドバイザーとして活躍しています。

骨格診断の知識を

専門的に身につけ、

人生の新しい扉を開いてみませんか？

CONTENTS

part 1 骨格診断の基礎理論

part 2 似合う！アイテム事典

part 3 骨格診断×メンズファッション

part 4　骨格診断×ウェディング

part 5　骨格診断を仕事に活かす

読者特典
2級 **1級**　模擬試験問題がダウンロードできます
(https://www.seitosha.co.jp/kokkakutest/index.html)

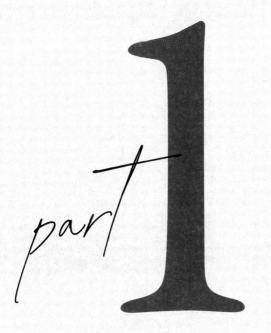

part 1

骨格診断の
基礎理論

骨格診断のメリット、3タイプの特徴、似合う素材と柄
など、骨格診断の基本となる理論を徹底解説していま
す。これから骨格診断を学んでいくうえで、核となる基
礎知識をまずは理解していきましょう。

骨格診断とは？

身体の「質感」「ラインの特徴」から、自分自身の体型を最もキレイに見せてくれるファッションアイテムを導き出すメソッド。太っている、痩せている、年齢、身長などは関係なく、全ての人を3つのタイプに分類しています。

生まれ持った身体の「質感」「ラインの特徴」から診断

「雑誌と同じコーディネートをしてみたけどしっくりこない」「太っていないのに着太りして見える」「服に着られている感じがする」。そんな経験はありませんか？　もしかしたらそれは、自分の骨格に合っていない洋服なのかもしれません。自分らしさを引き出してくれるファッションは、自身では自覚しにくいものです。骨格診断は身体の「質感」「ラインの特徴」から、自分自身の体型を最もキレイに見せてくれるファッションアイテムを導き出すメソッドです。

人それぞれ「筋肉のつき方の特徴」「脂肪のつき方の特徴」「関節の大きさ」は異なります。その違いを見極めることで、その人に似合うファッションスタイル＆アイテムを見つけることができます。

3つのタイプに診断できる

診断結果は「ストレート」「ウェーブ」「ナチュラル」の3タイプに分けられます。「ストレート」は筋肉のつき方に特徴が出やすくリッチで肉感的なメリハリボディ、「ウェーブ」はやわらかそうに見える肌の質感と華奢でなだらかなカーヴィーボディ、「ナチュラル」は関節の大きさに特徴が出やすく骨格フレームを感じるスタイリッシュボディです。各タイプの特徴はP18以降でくわしく説明します。

3タイプそれぞれに、似合うアイテムの形や素材感、柄、宝石、アクセサリー、バッグ、シューズ、時計、ベルト、ヘアメイクがあり、骨格診断アドバイザーは、幅広いアイテムの提案が可能です。

骨格診断の特徴

1 診断は一生変わらない

生まれ持った身体の特徴を捉えるので、
太っても痩せても、年齢を重ねても、
診断結果は一生変わりません
（太り方、痩せ方も骨格タイプ別に異なる）。
診断時に着ている洋服のテイストなどから
影響を受けることもありません。

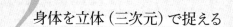

2 身体を立体（三次元）で捉える

私たちが身体を眺めるとき、
鏡や写真など平面（二次元）で捉えがちですが、
人の身体は平面ではなく立体です。
骨格診断では、正面に加えて横からもチェックして、
身体の厚みを含めた立体（三次元）で捉えるのが特徴です。

3 身体の質感も診断のポイント

私たちがものや人、動物などを見るときは、
無意識のうちに物体の質感を含めて捉えています。
骨格診断ではボディラインの特徴だけでなく、
身体の質感（ハリがある、やわらかいなど）も
診断のポイントになります。

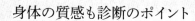

4 引きで見たときの全身のバランスを重視

骨格診断は、首が太い人はこのデザインが似合う、
二の腕が太い人はこのデザインが似合うといった
パーツごとに似合うアイテムを提案するだけに留まりません。
引きで見たときに、上半身が詰まって見える、下半身が着太りして見えるといった
重心の偏りを解消し、全身がスタイルアップして見えるよう、
バランスを整えることも重要視します。

骨格診断による イメージアップ

骨格に合うファッションを身にまとうことで「垢抜けた印象になる」「着痩せして見える」「スタイルアップして見える」「本来の魅力が引き出される」「自己肯定感が高まる」といった多くの効果が期待できます。

骨格診断のメリットとは？

☑ **垢抜けた印象になる**

デザイン、素材ともに似合う（＝調和する）ファッションを身につけることにより、垢抜けた印象になります。

☑ **スタイルアップして見える**

似合うアイテムで全体の重心の偏りを整えることにより、脚長効果や着痩せ効果が得られ、スタイルアップして見えます。

☑ **自己肯定感が高まる**

ファッションに迷いがなくなり、自信を持って着こなせるようになります。人に褒められる機会も増えて自己肯定感がアップします。

☑ **着痩せして見える**

デザイン・素材の両方からのアプローチにより、パーツだけに限らず、全身の着痩せ効果も叶えます。痩せすぎている人はちょうどいいバランスになります。

☑ **本来の魅力が引き出される**

似合うものを身につけることで、その人の魅力が最大限かつ、ナチュラルに引き出されます。

似合うファッションの見極め方

　似合うファッションは「カラー」「デザイン」「素材感」の3要素によって決まります。「カラー」は生まれ持った肌の色や髪色・瞳の色などから似合う色を導き出すパーソナルカラー診断、「デザイン」「素材感」は身体の質感、ラインの特徴から判断する骨格診断と、それぞれ異なる理論によって導き出されます。

　服や小物を選ぶとき、デザイン（形）は意識しやすいポイントですが、実は素材のセレクトも印象を左右する大切な要素となります。骨格診断では「素材」だけでなく「素材感」を見極めるのも重要です。例えば、同じコットンの素材でも、薄手の透け感があるものとザラッとした洗いざらしのようなものでは素材感が異なります。また、ひとくちにニットといっても毛糸の太さや編み方の違いで似合う骨格タイプは異なります。たとえ、デザイン（形）がその人の骨格に合っていたとしても、素材感が合っていないと、洋服に着られてしまったような印象になったり、着太りして見えてしまったりということが起こりやすくなるのです。骨格診断では素材感までしっかり見極めることが大切です。

ファッションの③要素

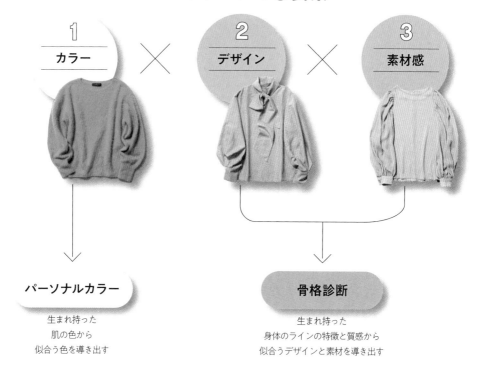

骨格診断の3タイプ

骨格タイプの特徴は、細かいパーツだけでなく全身のバランスにも表れます。上重心なら
ストレート、下重心ならウェーブ、ナチュラルは個人差がありますが、骨っぽさが目立つ
のが特徴です。

women 3つのタイプの比較

Straight
立体的で厚みのある
メリハリボディ

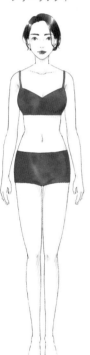

■■■■ このタイプの芸能人

MEGUMI、上戸彩、石原さとみ、
深田恭子、武井咲、鈴木京香、広瀬
すず、アン・ハサウェイ

くわしくは→P18

Wave
ふんわりした肌の質感と華奢な
カーヴィーボディ

■■■■ このタイプの芸能人

北川景子、水原希子、桐谷美玲、佐々
木希、戸田恵梨香、松田聖子、菜々
緒、エマ・ワトソン

くわしくは→P22

Natural
骨、関節がしっかりした
スタイリッシュボディ

■■■■ このタイプの芸能人

天海祐希、今井美樹、梨花、綾瀬は
るか、中谷美紀、萬田久子、蒼井優、
アンジェリーナ・ジョリー

くわしくは→P26

3タイプの似合うファッション

Straight

メリハリのある体型なので、装飾を抑えたシンプルな
ファッションが似合います。ハリのある肌になじむ上質
で高級感のある素材がおすすめ。Iラインのシルエット
を作るようにすると、立体的な身体のラインが引き立ち
ます。コンパクトなサイズ感やゆったりとしたシルエッ
トは身体のラインが悪目立ちするので苦手。

もっとくわしく→ P21

Wave

厚みのない身体には、寂しくならないように装飾的な
ファッションが似合います。ソフトな肌の質感にマッチ
する薄くやわらかい素材がおすすめ。身体の曲線やウエ
ストのくびれを引き立てる、フィットアンドフレアのシル
エットが得意です。硬い素材やビッグシルエットのア
イテムは、着られた印象になり苦手です。

もっとくわしく→ P25

Natural

フレーム感のある骨格には、ゆったりとしたシルエット、
ラフでカジュアルな素材感のものが似合います。ふんだ
んなドレープやギャザー、大きな装飾など、ボリューム
感のあるものも得意。コンパクトなサイズ感のもの、や
わらかい素材は骨格が悪目立ちしてしまい、苦手です。

もっとくわしく→ P29

Straight

women

ストレートタイプ

筋肉がつきやすく、身体全体に立体感と厚みがあるメリハリボディです。バストやヒップなどの位置が高いため上重心なのが特徴です。

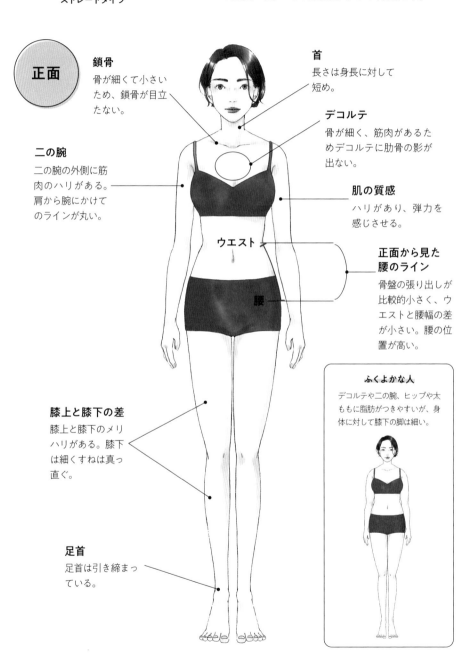

正面

鎖骨
骨が細くて小さいため、鎖骨が目立たない。

首
長さは身長に対して短め。

デコルテ
骨が細く、筋肉があるためデコルテに肋骨の影が出ない。

二の腕
二の腕の外側に筋肉のハリがある。肩から腕にかけてのラインが丸い。

肌の質感
ハリがあり、弾力を感じさせる。

ウエスト

正面から見た腰のライン
骨盤の張り出しが比較的小さく、ウエストと腰幅の差が小さい。腰の位置が高い。

腰

膝上と膝下の差
膝上と膝下のメリハリがある。膝下は細くすねは真っ直ぐ。

足首
足首は引き締まっている。

ふくよかな人
デコルテや二の腕、ヒップや太ももに脂肪がつきやすいが、身体に対して膝下の脚は細い。

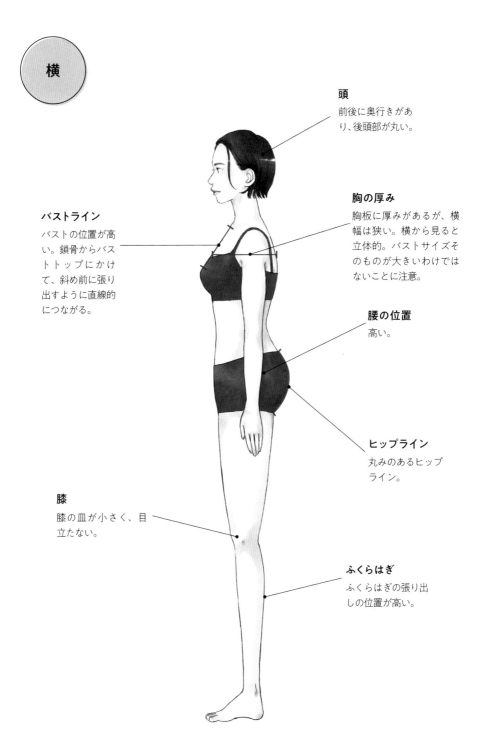

横

頭
前後に奥行きがあり、後頭部が丸い。

バストライン
バストの位置が高い。鎖骨からバストトップにかけて、斜め前に張り出すように直線的につながる。

胸の厚み
胸板に厚みがあるが、横幅は狭い。横から見ると立体的。バストサイズそのものが大きいわけではないことに注意。

腰の位置
高い。

ヒップライン
丸みのあるヒップライン。

膝
膝の皿が小さく、目立たない。

ふくらはぎ
ふくらはぎの張り出しの位置が高い。

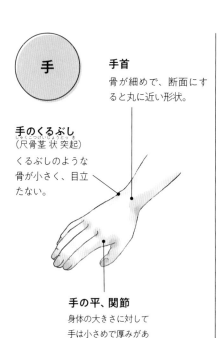

手

手首
骨が細めで、断面にすると丸に近い形状。

手のくるぶし
（尺骨茎状突起）
くるぶしのような骨が小さく、目立たない。

手の平、関節
身体の大きさに対して手は小さめで厚みがある。指は先に向かって細く、関節が目立たず爪が小さい。

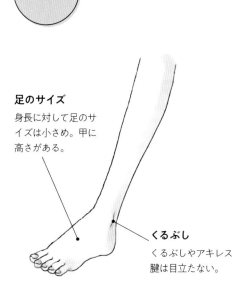

足

足のサイズ
身長に対して足のサイズは小さめ。甲に高さがある。

くるぶし
くるぶしやアキレス腱は目立たない。

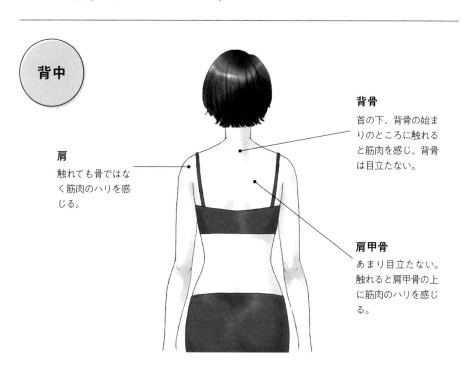

背中

背骨
首の下、背骨の始まりのところに触れると筋肉を感じ、背骨は目立たない。

肩
触れても骨ではなく筋肉のハリを感じる。

肩甲骨
あまり目立たない。触れると肩甲骨の上に筋肉のハリを感じる。

Straight に似合うファッション

「上重心」「グラマラス」「メリハリボディ」がキーワードのストレートタイプ。立体的でメリハリのある体型なので、シンプルな引き算ファッションが得意です。ハリのある肌の質感になじむのは、上質で高級感のある素材。スッキリ上品なファッションが好相性です。

ストレートタイプのファッションキーワード

シンプル

身体の存在感があるため、シンプルなアイテムが似合います。ベーシックで上品なアイテム、過度な装飾を避けた引き算ファッションで、洗練された印象になります。

クラス感

ハリと弾力のある肌の質感になじむ、上質で高級感のある素材がおすすめです。正統・高品質を意識したクラス感のあるシックなコーディネートが似合います。

ジャストサイズ

大きすぎず小さすぎないジャストなサイズ感が、メリハリのあるボディの魅力を引き立てます。

これは苦手

肌・ボディラインの見せ方

デコルテと真っ直ぐで細い膝下を見せると全身のスタイルアップにつながります。肩と背中を露出すると、身体の厚みを拾って、身体が大きく見えてしまうので避けたほうが良いです。

二の腕にボリュームがあるもの

パフスリーブなど、ボリュームのあるアイテムが二の腕あたりにあると、厚みのある肩が目立って着太りの原因に。

ピタッとするアイテム

スキニーボトムスなどピタッとする服は、グラマラスになりすぎたり、着太りしてしまうので要注意。

Wave
women

ウェーブタイプ

華奢でやわらかなカーヴィーボディです。筋肉がつきにく
く、身体に厚みがない薄めの体型で下重心なのが特徴。肌
の質感はやわらかな印象です。

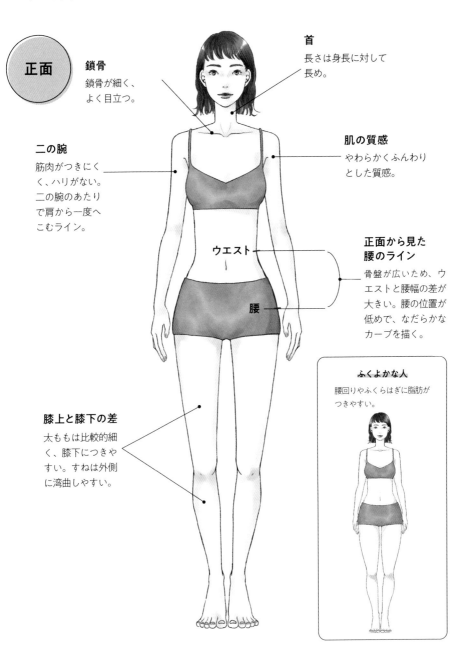

正面

首
長さは身長に対して
長め。

鎖骨
鎖骨が細く、
よく目立つ。

二の腕
筋肉がつきにく
く、ハリがない。
二の腕のあたり
で肩から一度へ
こむライン。

肌の質感
やわらかくふんわり
とした質感。

ウエスト

腰

**正面から見た
腰のライン**
骨盤が広いため、ウ
エストと腰幅の差が
大きい。腰の位置が
低めで、なだらかな
カーブを描く。

ふくよかな人
腰回りやふくらはぎに脂肪が
つきやすい。

膝上と膝下の差
太ももは比較的細
く、膝下につきや
すい。すねは外側
に湾曲しやすい。

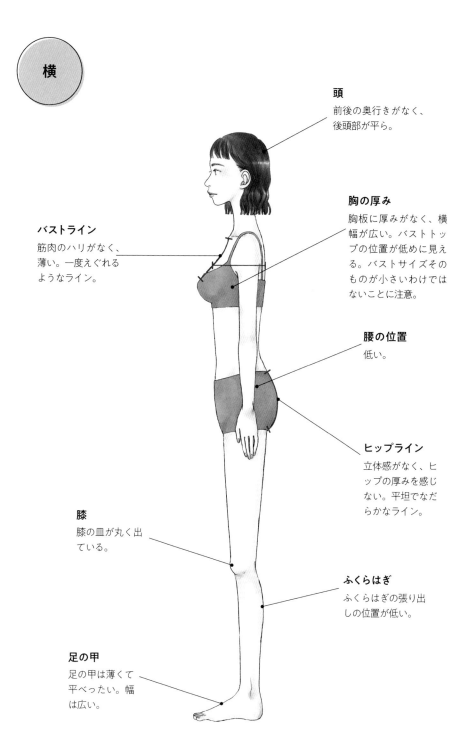

横

頭
前後の奥行きがなく、
後頭部が平ら。

胸の厚み
胸板に厚みがなく、横
幅が広い。バストトッ
プの位置が低めに見え
る。バストサイズその
ものが小さいわけでは
ないことに注意。

バストライン
筋肉のハリがなく、
薄い。一度えぐれる
ようなライン。

腰の位置
低い。

ヒップライン
立体感がなく、ヒッ
プの厚みを感じ
ない。平坦でなだ
らかなライン。

膝
膝の皿が丸く出
ている。

ふくらはぎ
ふくらはぎの張り出
しの位置が低い。

足の甲
足の甲は薄くて
平べったい。幅
は広い。

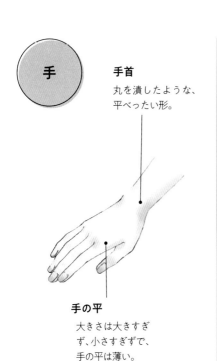

手

手首
丸を潰したような、平べったい形。

手の平
大きさは大きすぎず、小さすぎずで、手の平は薄い。

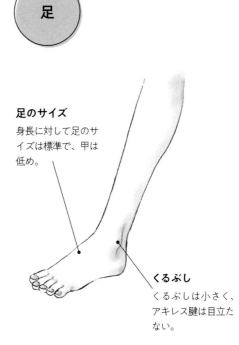

足

足のサイズ
身長に対して足のサイズは標準で、甲は低め。

くるぶし
くるぶしは小さく、アキレス腱は目立たない。

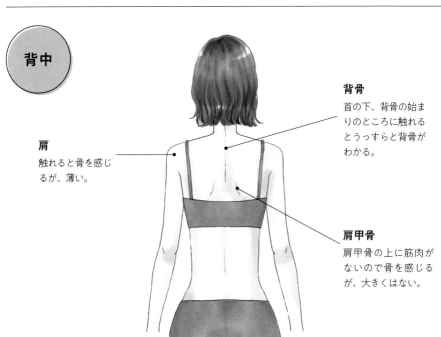

背中

肩
触れると骨を感じるが、薄い。

背骨
首の下、背骨の始まりのところに触れるとうっすらと背骨がわかる。

肩甲骨
肩甲骨の上に筋肉がないので骨を感じるが、大きくはない。

Wave に似合うファッション

「下重心」「華奢」「やわらかな曲線」がキーワードのウェーブタイプ。ソフトで華やかなファッションが得意です。やわらかな肌の質感になじむものは、薄手でやわらかな質感の素材。寂しい印象にならないよう足し算スタイルが必須です。

ウェーブタイプのファッションキーワード

ソフト

やわらかなカーヴィーボディには、薄手でやわらかな素材、ふわふわとした質感や、ふんわりとしたシルエットがなじみます。

コンパクト

華奢な身体が活きるコンパクトなサイズ感が得意です。デザインや柄もざっくりとした大きなものより、繊細で細かなものが似合います。

肌・ボディラインの見せ方

二の腕と背中を見せると着痩せして見えます。ボディラインを拾わない、ストンとしたロングワンピースなどは寂しい印象になるので避けたほうがいいでしょう。

華やか

身体が薄い分、寂しい印象にならないよう、デザイン性のある足し算スタイルがおすすめです。フリルやプリーツ、飾りのついたアイテムが得意です。

これは苦手

胸元が開いたもの

胸元が深く開いたトップスは、デコルテの広さを強調してしまうので避けましょう。ハイネックなど首が詰まった服も苦手です。

ダボッとしたパンツ

下半身が重くなり、やぼったく見えてしまいます。また、カーゴパンツなどによく使われるハードな生地も苦手です。

Natural
women

ナチュラルタイプ

関節の大きさに特徴が出やすく、骨格の存在感が強いスタイリッシュボディ。骨が太く大きいのが特徴で、肉感的ではありません。

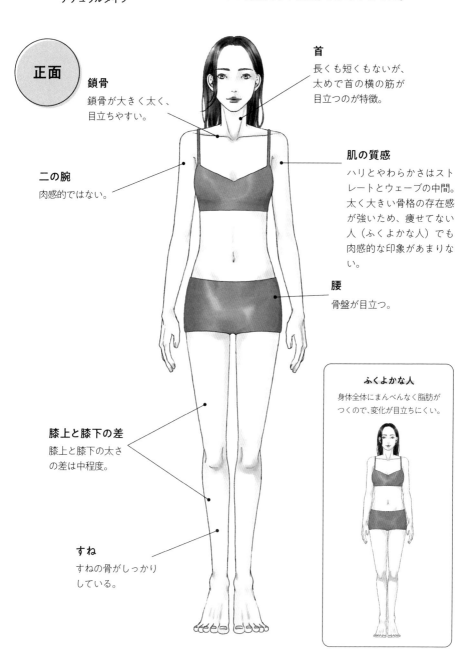

正面

鎖骨
鎖骨が大きく太く、目立ちやすい。

首
長くも短くもないが、太めで首の横の筋が目立つのが特徴。

二の腕
肉感的ではない。

肌の質感
ハリとやわらかさはストレートとウェーブの中間。太く大きい骨格の存在感が強いため、痩せてない人（ふくよかな人）でも肉感的な印象があまりない。

腰
骨盤が目立つ。

膝上と膝下の差
膝上と膝下の太さの差は中程度。

すね
すねの骨がしっかりしている。

ふくよかな人
身体全体にまんべんなく脂肪がつくので、変化が目立ちにくい。

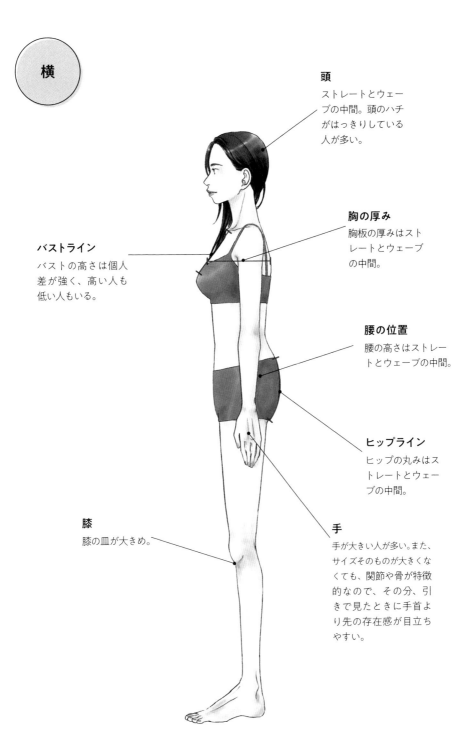

横

頭
ストレートとウェーブの中間。頭のハチがはっきりしている人が多い。

胸の厚み
胸板の厚みはストレートとウェーブの中間。

バストライン
バストの高さは個人差が強く、高い人も低い人もいる。

腰の位置
腰の高さはストレートとウェーブの中間。

ヒップライン
ヒップの丸みはストレートとウェーブの中間。

膝
膝の皿が大きめ。

手
手が大きい人が多い。また、サイズそのものが大きくなくても、関節や骨が特徴的なので、その分、引きで見たときに手首より先の存在感が目立ちやすい。

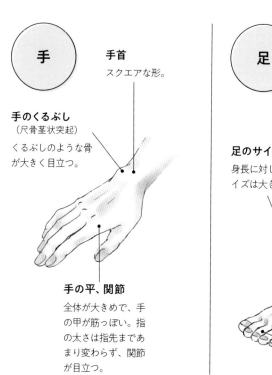

手

手首
スクエアな形。

手のくるぶし
（尺骨茎状突起）
くるぶしのような骨
が大きく目立つ。

手の平、関節
全体が大きめで、手
の甲が筋っぽい。指
の太さは指先まであ
まり変わらず、関節
が目立つ。

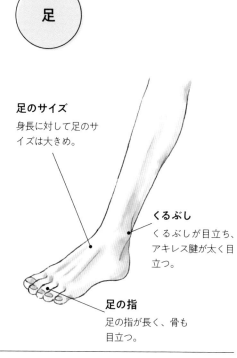

足

足のサイズ
身長に対して足のサ
イズは大きめ。

くるぶし
くるぶしが目立ち、
アキレス腱が太く目
立つ。

足の指
足の指が長く、骨も
目立つ。

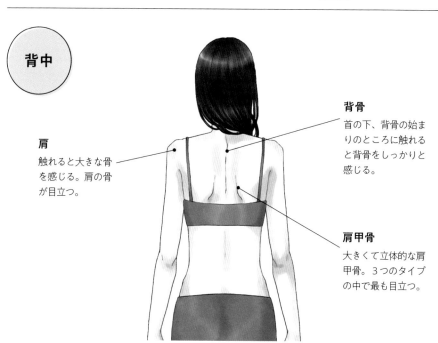

背中

肩
触れると大きな骨
を感じる。肩の骨
が目立つ。

背骨
首の下、背骨の始ま
りのところに触れる
と背骨をしっかりと
感じる。

肩甲骨
大きくて立体的な肩
甲骨。3つのタイプ
の中で最も目立つ。

Natural に似合うファッション

「骨や関節が特徴的」「スタイリッシュなライン」がキーワードのナチュラルタイプ。モード系ファッションモデルに多いのもこのタイプです。ストレートやウェーブと比べて似合う素材やアイテムの幅が広いことも特徴の1つです。

ナチュラルタイプのファッションキーワード

ラフ

肌にドライな雰囲気があるので、リネンやコットンなどのラフな素材、洗いざらしのような質感、シワやシャリ感があるナチュラルな風合いのものが似合います。

ボリューム

大きめでゆったりとしたサイズ感、マキシ丈のボトムス、布をたっぷりと使ったアイテム、大きな柄など、ボリュームのあるものが得意です。

リラックス感

トップスもボトムスも身体をゆったりと包むようなリラックス感のあるデザインのものを選びましょう。作り込みすぎないコーディネートが洗練された印象になります。

これは苦手

やわらかい素材のもの
やわらかい素材を使ったアイテムは、骨っぽさが目立つので避けたほうがいいでしょう。

コンパクトなもの
コンパクトなアイテムは、骨っぽさが目立つ、または身体が大きく見える要因になります。

肌・ボディラインの見せ方

身体のどこかを露出することによって、着太りや寂しい印象になるといったスタイルダウンはしません。ですが、ボディラインを強調する肌見せスタイルよりも、ゆったりした長めのアイテムを着たほうが洗練された印象になります。

Straight
men

ストレートタイプ

全身に筋肉による厚みがあり、筋肉のハリが特徴的な体型です。骨よりも筋肉が目立つのがポイントです。

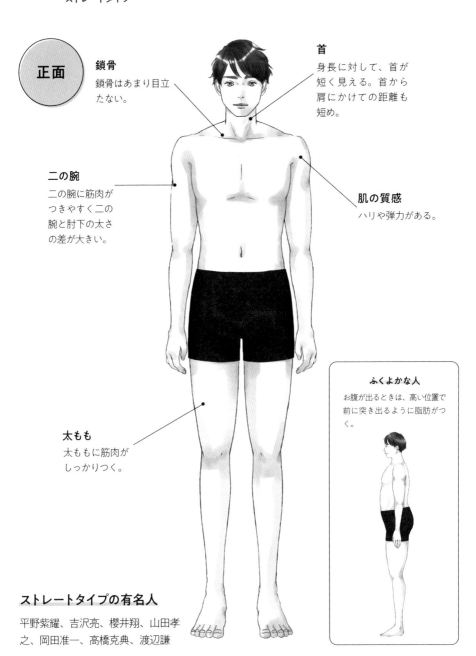

正面

鎖骨
鎖骨はあまり目立たない。

首
身長に対して、首が短く見える。首から肩にかけての距離も短め。

二の腕
二の腕に筋肉がつきやすく二の腕と肘下の太さの差が大きい。

肌の質感
ハリや弾力がある。

太もも
太ももに筋肉がしっかりつく。

ふくよかな人
お腹が出るときは、高い位置で前に突き出るように脂肪がつく。

ストレートタイプの有名人

平野紫耀、吉沢亮、櫻井翔、山田孝之、岡田准一、高橋克典、渡辺謙

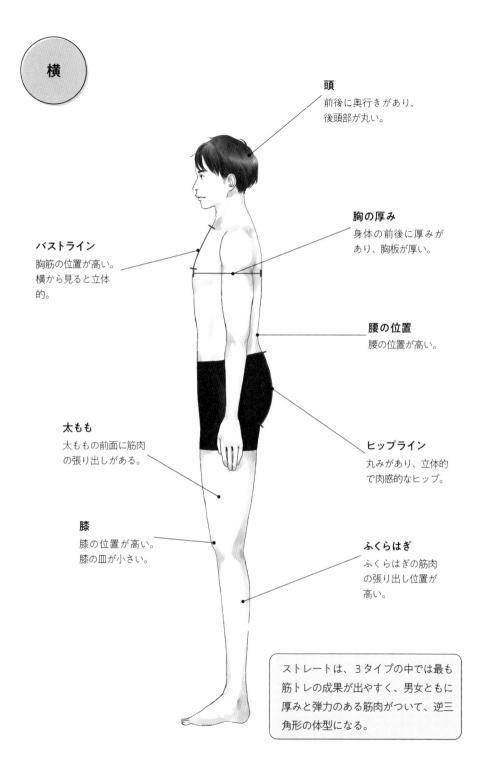

横

頭
前後に奥行きがあり、後頭部が丸い。

胸の厚み
身体の前後に厚みがあり、胸板が厚い。

バストライン
胸筋の位置が高い。横から見ると立体的。

腰の位置
腰の位置が高い。

太もも
太ももの前面に筋肉の張り出しがある。

ヒップライン
丸みがあり、立体的で肉感的なヒップ。

膝
膝の位置が高い。膝の皿が小さい。

ふくらはぎ
ふくらはぎの筋肉の張り出し位置が高い。

ストレートは、3タイプの中では最も筋トレの成果が出やすく、男女ともに厚みと弾力のある筋肉がついて、逆三角形の体型になる。

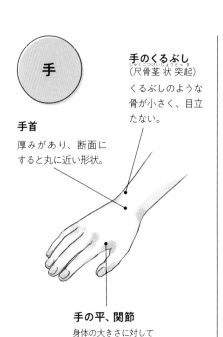

手

手首
厚みがあり、断面に
すると丸に近い形状。

手のくるぶし
(尺骨茎状突起)
くるぶしのような
骨が小さく、目立
たない。

手の平、関節
身体の大きさに対して
手は小さめで厚みがあ
る。指は先に向かって
細く、関節が目立たず
爪が小さい。

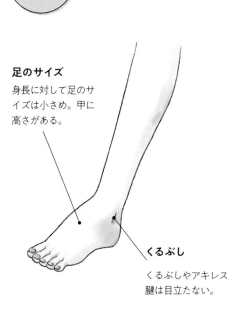

足

足のサイズ
身長に対して足のサ
イズは小さめ。甲に
高さがある。

くるぶし
くるぶしやアキレス
腱は目立たない。

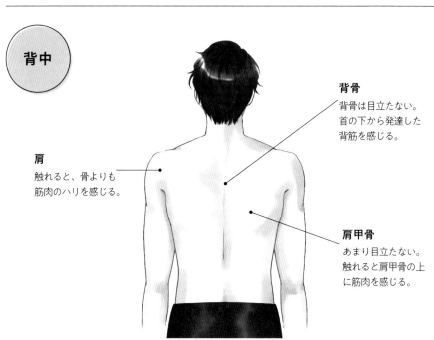

背中

肩
触れると、骨よりも
筋肉のハリを感じる。

背骨
背骨は目立たない。
首の下から発達した
背筋を感じる。

肩甲骨
あまり目立たない。
触れると肩甲骨の上
に筋肉を感じる。

Straight に似合うファッション

「上重心」「筋肉質で厚みのある身体」「筋肉のハリ」がキーワードの男性ストレートタイプ。痩せたとしても、華奢な印象にはなりにくいのが特徴。装飾のないシンプルかつ高級感のあるアイテムを選べば、体型をキレイに見せられます。

ストレートタイプのファッションキーワード

シンプル

身体の存在感があるため、シンプルでベーシックなアイテムを選ぶと洗練された印象に。過度な装飾を避けたキレイめなコーディネートが似合います。

ジャストサイズ

大きすぎず小さすぎないジャストなサイズ感が、厚みのある身体をかっこよく見せてくれます。

クラス感

ハリと弾力のある肌の質感になじむ、上質で高級感のある素材がおすすめです。カジュアルスタイルもジャケット、シャツなどの定番アイテムでクラス感を意識したコーディネートがおすすめ。

スーツスタイルのポイント

スーツスタイルが3タイプの中でも得意なほう。高級感のある素材と流行に左右されないオーソドックスなスーツがよく似合います。

くわしくは→ P168

これは苦手

ダボッとしたアイテム

ダボッとした服や、ピタッとした服は着太りして見えるので苦手です。ジャストサイズを選びましょう。

Wave
men

ウェーブタイプ

首が長く、スタイリッシュな体型です。身体全体の厚みはありませんが、鍛えると細く引き締まった筋肉がつくのが特徴です。

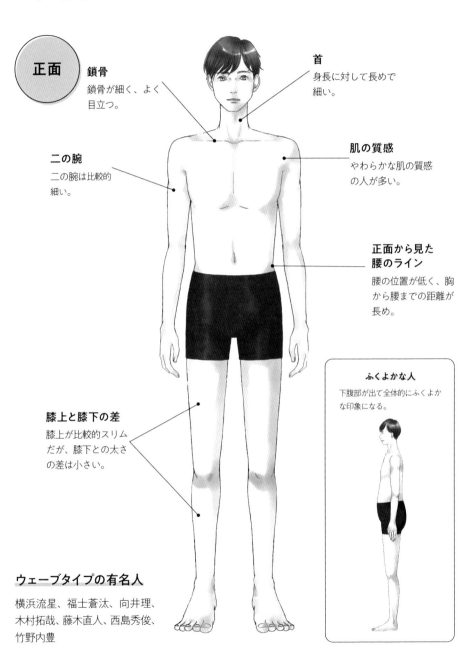

正面

鎖骨
鎖骨が細く、よく目立つ。

二の腕
二の腕は比較的細い。

首
身長に対して長めで細い。

肌の質感
やわらかな肌の質感の人が多い。

正面から見た腰のライン
腰の位置が低く、胸から腰までの距離が長め。

膝上と膝下の差
膝上が比較的スリムだが、膝下との太さの差は小さい。

ふくよかな人
下腹部が出て全体的にふくよかな印象になる。

ウェーブタイプの有名人

横浜流星、福士蒼汰、向井理、木村拓哉、藤木直人、西島秀俊、竹野内豊

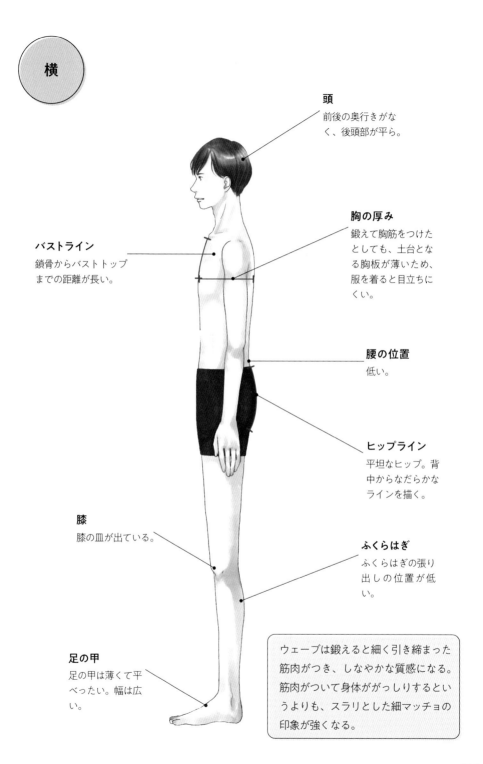

横

頭
前後の奥行きがな
く、後頭部が平ら。

胸の厚み
鍛えて胸筋をつけた
としても、土台とな
る胸板が薄いため、
服を着ると目立ちに
くい。

バストライン
鎖骨からバストトップ
までの距離が長い。

腰の位置
低い。

ヒップライン
平坦なヒップ。背
中からなだらかな
ラインを描く。

膝
膝の皿が出ている。

ふくらはぎ
ふくらはぎの張り
出しの位置が低
い。

足の甲
足の甲は薄くて平
べったい。幅は広
い。

ウェーブは鍛えると細く引き締まった
筋肉がつき、しなやかな質感になる。
筋肉がついて身体ががっしりするとい
うよりも、スラリとした細マッチョの
印象が強くなる。

手

手首
丸を潰したような、
平べったい形。

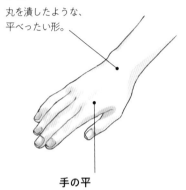

手の平
手の平は広くて薄い。

足

足のサイズ
身長に対して足のサイ
ズは標準で、甲は
低め。

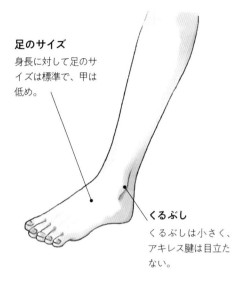

くるぶし
くるぶしは小さく、
アキレス腱は目立た
ない。

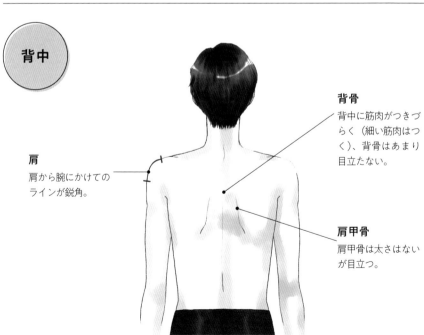

背中

背骨
背中に筋肉がつきづ
らく（細い筋肉はつ
く）、背骨はあまり
目立たない。

肩
肩から腕にかけての
ラインが鋭角。

肩甲骨
肩甲骨は太さはない
が目立つ。

Wave に似合うファッション

men

「下重心」「スタイリッシュ」「やわらかな曲線」がキーワードの男性ウェーブタイプ。肌の質感がふんわりしているので、それになじむやわらかい素材を選ぶのがポイント。首がスラリと長いのも特徴の1つです。寂しくならないように足し算を意識しましょう。

ウェーブタイプのファッションキーワード

ソフト

ふんわりした肌の質感にマッチするソフトな素材選びが重要。薄手の素材もかっこよく着こなせます。

コンパクト

トップス、ボトムスともにコンパクトなサイズを選ぶと、メリハリが出て、体型の良さが引き出されます。

足し算ファッション

シンプルすぎるアイテムは身体の薄さを強調してしまうことも。柄やロゴ、色物などのアクセントで足し算をするのがポイントです。細めのボーダーや細かく小さめの柄がよく似合います。

スーツスタイルのポイント

スタイリッシュな印象のボディには、細身のスーツスタイルが似合います。パーティシーンなどでは、光沢のある細身のスーツを華やかに着こなせます。

くわしくは→ P168

これは苦手

シンプル、またはハードなアイテム

シンプルすぎるアイテムは、寂しい印象になってしまいます。また、ハードな素材やデザインはアイテムに負けてしまうので苦手です。

men Natural

ナチュラルタイプ

骨や関節が目立つがっちりした骨格です。特に胸の骨が大きいため、全体的に厚みもあるように見えるのが特徴です。

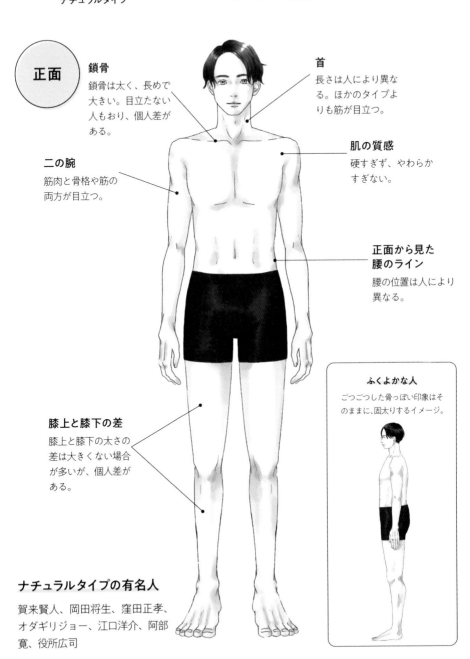

正面

鎖骨
鎖骨は太く、長めで大きい。目立たない人もおり、個人差がある。

首
長さは人により異なる。ほかのタイプよりも筋が目立つ。

肌の質感
硬すぎず、やわらかすぎない。

二の腕
筋肉と骨格や筋の両方が目立つ。

正面から見た腰のライン
腰の位置は人により異なる。

膝上と膝下の差
膝上と膝下の太さの差は大きくない場合が多いが、個人差がある。

ふくよかな人
ごつごつした骨っぽい印象はそのままに、固太りするイメージ。

ナチュラルタイプの有名人

賀来賢人、岡田将生、窪田正孝、オダギリジョー、江口洋介、阿部寛、役所広司

横

頭
ストレートとウェーブの中間。

胸の厚み
骨が大きく、骨格の厚みがある。筋肉や脂肪のつき方には個人差がある。

バストライン
鎖骨胸筋はバランスの良い位置にある（個人差がある）が、筋肉よりも骨格の印象のほうが強い。

腰の位置
骨に厚みがあるので、腰がしっかりして見える。骨盤の骨っぽさが目立つ。

手
手が大きい人が多い。また、サイズそのものが大きくなくても、関節や骨が特徴的なので、その分、引きで見たときに手首より先の存在感が目立ちやすい。

ヒップライン
平面的なヒップライン。骨盤や大腿骨に厚みがあるが、肉感的ではない。

膝
膝の皿が大きめ。

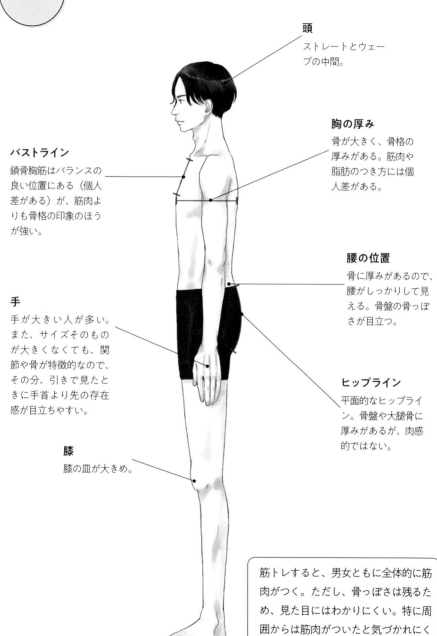

筋トレすると、男女ともに全体的に筋肉がつく。ただし、骨っぽさは残るため、見た目にはわかりにくい。特に周囲からは筋肉がついたと気づかれにくい。

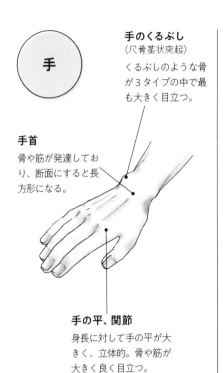

手

手のくるぶし
（尺骨茎状突起）
くるぶしのような骨
が3タイプの中で最
も大きく目立つ。

手首
骨や筋が発達してお
り、断面にすると長
方形になる。

手の平、関節
身長に対して手の平が大
きく、立体的。骨や筋が
大きく良く目立つ。

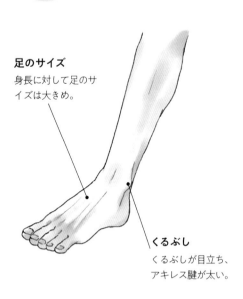

足

足のサイズ
身長に対して足のサ
イズは大きめ。

くるぶし
くるぶしが目立ち、
アキレス腱が太い。

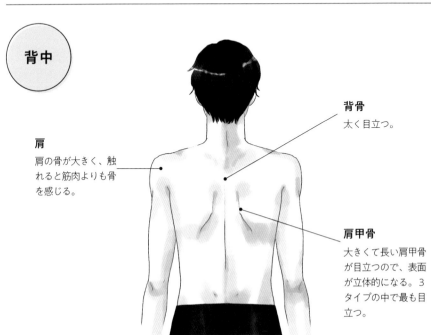

背中

背骨
太く目立つ。

肩
肩の骨が大きく、触
れると筋肉よりも骨
を感じる。

肩甲骨
大きくて長い肩甲骨
が目立つので、表面
が立体的になる。3
タイプの中で最も目
立つ。

Natural (men) に似合うファッション

「骨や筋が目立つ」「フレームがしっかりしている」がキーワードの男性ナチュラルタイプ。
比較的苦手な素材やアイテムが少ないのが特徴です。とはいえ、コンパクトなスタイルは
少し垢抜けない印象になるので、ラフでゆったりしたスタイルがおすすめです。

ナチュラルタイプのファッションキーワード

ラフ

がっしりした体格が多いナチュ
ラルタイプは、カジュアルなア
イテムが全般的に得意です。

オーバーサイズ

トップスもボトムスもオーバー
サイズのゆったりしたものが似
合います。

ワイルド

ダメージ加工のデニムやツイー
ド、麻などのざらっとした質感
の素材を使ったワイルドなコー
ディネートが決まりやすいのが
特徴です。大きな柄が入ったも
のなども得意です。

スーツスタイルのポイント

ピタッと作り込んだ着こなし
は、骨っぽさが目立つので苦
手。スーツスタイルのときも、
ニットタイやジャケパンスタ
イルなど、ひとひねりしたコー
ディネートをするのがおす
すめです。
くわしくは→ P169

これは苦手

コンパクトなサイズのアイ
テム

コンパクトなサイズのアイ
テムは、窮屈でバランス悪
く見えてしまいます。

骨格診断 Q & A

自分に最も似合うアイテムを導き出すための骨格診断ですが、
世の中にいろいろな情報が出回っていることから、
混乱している人もいるのでは？
ここでは、よく耳にするお悩みや疑問にお答えします。

3つのタイプに
当てはまらない人もいますか？

A

骨格診断メソッドは、「筋肉」「脂肪」「関節」の特徴で
分類をしていることから、診断結果を3タイプ以上に分類することは
理論上不可能で、必ずどの人もいずれかのタイプに分類されます。
つまり、骨格診断メソッドによる3タイプの中に、必ずあなたに
当てはまるタイプがあります。同じ骨格タイプ同士でも
性別・世代・身長・身体の大きさ・顔の印象・雰囲気などによって、
その人自身の印象に違いは生じます。

どの骨格タイプが
一番スタイルがいいですか？

A

どのタイプがプロポーションが良い・悪いということはありません。
好みの違いはありますが、どの骨格タイプにもファッションモデルが
いるように、プロポーションの良い方もそうでない方もいます。

年齢や出産といったライフイベントで
骨格タイプも変わりますか？

A

生まれ持った身体の特徴を捉えているので、加齢や太ったり痩せたりといった
変化によって影響を受けることはありません。よって、骨格タイプは一生変わりません。
タイプ別に太り方に特徴があり、ストレートはメリハリのある身体つきのまま立体的に太り、
ウェーブは質感がやわらかいため下がりやすいのが特徴です。
ナチュラルは偏りなく全身に脂肪がつきます。

骨格タイプにミックスはある？

—————— A ——————

実際に診断をすると、パーツごとにさまざまな骨格タイプの特徴が混ざっていて、
キレイに3タイプに分類されないケースはよく見られます。
その場合は、「重心のバランス」「身体全体の質感の印象」「似合わない素材感」で
判断します。また、パーツごとにさまざまな骨格タイプの特徴があるからといって、
さまざまなタイプのアイテムが似合うわけではありません。
例えば、手にナチュラルタイプの特徴が見えるウェーブタイプなら、
似合うアイテムはやはりウェーブ向けのもの。
上半身だけはナチュラル向けのものが似合うというわけでありません。

自分の骨格タイプの
ファッションが好みではないです……。

—————— A ——————

骨格診断は似合うデザインと素材感がわかるもので、
ファッションのテイストを限定するものではありません。
例えば、シンプルなファッションが似合うとされているストレートでも、
アイテム次第で甘めなコーディネートを楽しめますし、
甘めになりがちなウェーブも、
アイテム次第でクールに見せることができます。
part 2 と part 3 で女性と男性のテイスト別コーディネートを
紹介しているので、ぜひ参考にしてください。

ストレートタイプは、
メリハリボディが特徴なのに、
なぜ「ストレート」という名称なんですか？

—————— A ——————

各タイプの身体の特徴ではなく、似合うアイテムから3タイプの名称をつけています。
ストレートタイプは、直線的なものが似合うので「ストレート」。
ウェーブタイプは、曲線的なものが似合うので「ウェーブ」。
ナチュラルタイプは、直線も曲線も似合いますが、
自然なものが似合うので「ナチュラル」という名称になりました。
これを覚えておくだけでも、アイテム選びの参考になりますよ。

素材と素材感の違い

骨格診断メソッドでは「素材」と「素材感」を分けて考えます。素材は材料（綿、麻など）を、素材感は「織り」や「編み」で表現される質感（ハリがある、ふわふわしているなど）を指します。同じ素材でも、素材感によって得意・不得意になるものがあります。

　　　　〇…似合うアイテム　●…素材や形、大きさなど条件が合えば似合うアイテム
　　　　△…特におすすめではないが、取り入れても OK なアイテム　×…苦手なアイテム

素材感によるセレクトポイント

　服の素材そのものも、ファッションアイテムをセレクトするうえで重要ですが、骨格診断においては「素材感」が最も重要なポイントとなります。アイテムを手で触ったときの感覚を大事にしましょう。

　ストレートはほどよい厚みとしなやかなハリ感、高級感のあるものが得意。薄すぎるもの、やわらかすぎるものは苦手です。ウェーブはやわらかく薄手で繊細なもの、光沢のあるもの、透けるもの、ふっくらしたものが得意です。ハリがありすぎるもの、ガサガサしているもの、カジュアルすぎるもの、厚手すぎるものは苦手。ナチュラルは風合いのある素材や立体感のある素材、洗いざらしの質感、シワ感、シャリ感があるものが得意です。薄すぎるもの、やわらかすぎるものは苦手です。

Straight

高級感のあるもの。表面に凹凸がなくフラットなものが得意。

Wave

やわらかいもの、透け感のあるもの、ストレッチが効いたものが得意。

Natural

ナチュラルな風合いのあるもの。表面に凹凸やシワのあるものが得意。

		ⓢ Straight	ⓦ Wave	ⓝ Natural
コットン	綿の種子から取れる繊維で、伸びにくく丈夫、吸水性もある。織り方で質感はさまざま	● キレイめで高級感のあるものが良い。ハリがあり上品な光沢のあるものなど	● やわらかい質感のものが良い。薄手で軽くしなやかで、透け感のあるもの	● ラフな質感のものが良い。ダンガリー、コーデュロイ、綿紗（ガーゼ）、ワッフルなど
ウール	羊毛のこと。保温性、吸湿性が高いのが特徴。さまざまな織物・編み物に使用される	● 高級感のあるものが良い。細い糸で織られた高品質なウール織物や、ハリがあるもの。ハイゲージニット、サキソニーなど	● やわらかい質感のものや毛足のあるものが良い。ファンシー・ツイード、ハイゲージニットなど	● 表面に凹凸があるものが良い。フェルト、ブランケット、ブリティッシュ・ツイード、ローゲージやミドルゲージニットなど
モヘア	アンゴラ山羊の毛。光沢がありやわらかくなめらかで、長い繊維を特徴とする	× 毛足が長く、着太りして見えるので苦手。ただし、夏の高級スーツ用生地としてのモヘア混素材であれば○	○ やわらかい質感のものが得意。モヘアニットなど	● 束感のあるものが良い。毛足が長いものなど
アンゴラ	アンゴラ兎の毛。毛が非常に細くやわらかな質感。ウールに混ぜて使われることが多い	● ハリ感のあるものが良い。コート素材など	○ やわらかくてしなやかな風合いが得意	● 硬さのあるものや厚手なものが似合う。コート素材など
リネン（麻の一種）	亜麻（あま）科の植物繊維。光沢があり耐久性があり、やや硬く、さらっと爽やかな涼感がある	× 麻のシワ、ざらっとした凹凸があるものが苦手	× 麻の持つ強い風合いやシャリ感が苦手。シワになりにくい、ポリエステル混などの薄手のやわらかさのあるものであれば○	○ ナチュラルな麻の風合いがよく似合う。少しシワ感が残っていても味として素敵に着こなせる

		👩 Straight	👩 Wave	👩 Natural
シルク	蚕の繭から取った天然の繊維。上品な光沢があり、細く強い繊維を持つ	● 地厚でハリのあるものが似合う。ミカド・シルク、ダマスク、シルクジャージー（キレイめで高級感があり肉厚なもの）など	● やわらかいものや、薄手のものが良い。シフォン、シルクジャージー（薄手でしなやかなもの）、ベルベットなど	● 節やムラなどの風合いのあるものが似合う。インド・シルク、タッサー・シルク、シャンタンなど
ナイロン	ポリアミド系合成繊維の総称。絹に似た光沢があり、耐久性にすぐれている	● キレイめでハリのあるものが良い	● しなやかな風合いがあるものが良い	● 表面に凹凸があるものが良い
ビスコース・レーヨン	光沢があり肌触りが良い。ドレープ性があり、多くは混紡織物として用いられる	● キレイめでハリのあるものが良い	● 薄手でやわらかく、しなやかなものが良い	● 表面に凹凸があるものや風合いのあるものが良い
ポリエステル	ナイロン、アクリルと並ぶ三大合成繊維の1つ。綿や羊毛との混紡織物にも多く用いられる	● 高級感のあるものや、地厚でハリのあるものが良い。綿とポリエステルとの混紡や、ダブルクロスなど	● 薄手でやわらかなものや、ドレープ性のあるものが良い。シフォン、ジョーゼット、フェイクスエードなど	● 地厚なもの、表面に凹凸があるものが良い。麻とポリエステルの混紡織物や、アムンゼン、フリースなど
チュール	6角計の網目の薄い網状のもの。化学繊維でできたものが多く、スカートなどに使われる	× 透ける素材が苦手なため避けたい	△ ハリと硬さのある素材が苦手なため避けたい。ソフトなタイプを選ぶと良い	○ ナチュラルなハリとボリュームのあるものが良い

		(⚪) Straight	(⚪) Wave	(⚪) Natural
シフォン	細い糸で織られた繊細な平織物。絹のほか、レーヨン、ナイロン、ポリエステルなどもある	× 薄さ、軽さ、透け感が苦手。着たい場合は、似た織物としてデシンなどシフォンより厚手でハリがあるものを選ぶと良い	○ 薄さ、軽さ、透け感ともにとてもよく似合う	× シフォンの薄さ、軽さ、透け感が苦手
ベルベット・ベロア	短めの毛羽で覆われた光沢のあるなめらかな織物。シルク、レーヨンなどで作る	× 光沢や毛羽立ちのある素材が苦手	○ やわらかでドレープ性のあるしなやかなものが得意。ベロアジャージーなど	× 光沢が苦手。着たい場合は、クラッシュベロアなどを選ぶと良い
サテン	やわらかな触感とソフトな光沢感、ドレープ性が特徴。ブラウス等に用いられる	● ハリがあり高級感のあるものや、地厚なものを選ぶと良い。綿サテンやシルクサテンなど	○ 光沢が得意。薄手でしなやかなものを選ぶとより似合う	● ビンテージ加工されたサテンで薄すぎないものを選ぶと良い。ウェディングドレスの素材としては良い
ファンシー・ツイード	糸変化やミックスカラーで表面効果を出したツイード。シャネル・ツイードが代表的	× 装飾性があり凹凸のある素材は着太りして見えるので避けたい	○ 華やかな装飾性が得意。身体の華奢さをカバーしてくれる	× 作り込んだ装飾性が苦手。着たい場合は、麻の意匠糸の入ったものや、ざっくりとしたものを選ぶと良い
ブリティッシュ・ツイード	太番手の紡毛糸で織った地厚で丈夫な織物。羊毛の種類や織り方により多数の種類がある	× 厚手でナチュラルな風合いが身体を大きく見せてしまうので避けたい	× 地厚なものや、硬めでナチュラルな風合いが苦手。着たい場合は、薄手でやわらかめの風合いのものを選ぶと良い	○ 地厚なものや、硬めでナチュラルな風合いが得意。ずっしりと重量感のあるものなども似合う

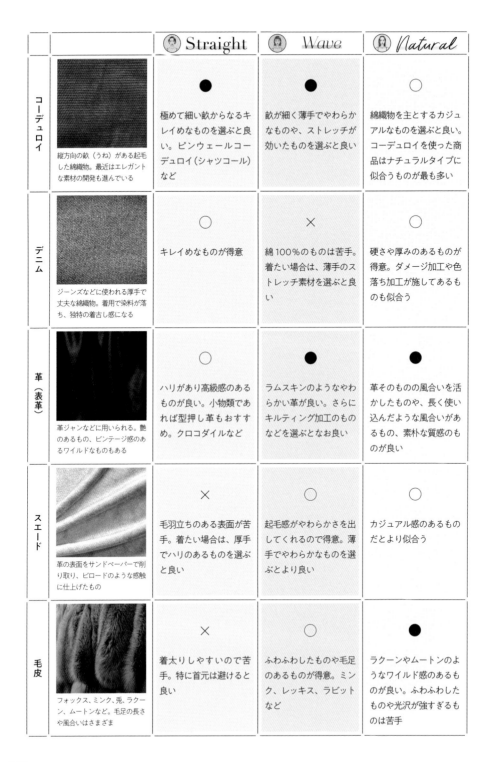

		👤 Straight	👤 Wave	👤 Natural
コーデュロイ	縦方向の畝（うね）がある起毛した綿織物。最近はエレガントな素材の開発も進んでいる	● 極めて細い畝からなるキレイめなものを選ぶと良い。ピンウェールコーデュロイ（シャツコール）など	● 畝が細く薄手でやわらかなものや、ストレッチが効いたものを選ぶと良い	○ 綿織物を主とするカジュアルなものを選ぶと良い。コーデュロイを使った商品はナチュラルタイプに似合うものが最も多い
デニム	ジーンズなどに使われる厚手で丈夫な綿織物。着用で染料が落ち、独特の着古し感になる	○ キレイめなものが得意	× 綿100%のものは苦手。着たい場合は、薄手のストレッチ素材を選ぶと良い	○ 硬さや厚みのあるものが得意。ダメージ加工や色落ち加工が施してあるものも似合う
革（表革）	革ジャンなどに用いられる。艶のあるもの、ビンテージ感のあるワイルドなものもある	○ ハリがあり高級感のあるものが良い。小物類であれば型押し革もおすすめ。クロコダイルなど	● ラムスキンのようなやわらかい革が良い。さらにキルティング加工のものなどを選ぶとなお良い	● 革そのものの風合いを活かしたものや、長く使い込んだような風合いがあるもの、素朴な質感のものが良い
スエード	革の表面をサンドペーパーで削り取り、ビロードのような感触に仕上げたもの	× 毛羽立ちのある表面が苦手。着たい場合は、厚手でハリのあるものを選ぶと良い	○ 起毛感がやわらかさを出してくれるので得意。薄手でやわらかなものを選ぶとより良い	○ カジュアル感のあるものだとより似合う
毛皮	フォックス、ミンク、兎、ラクーン、ムートンなど。毛足の長さや風合いはさまざま	× 着太りしやすいので苦手。特に首元は避けると良い	○ ふわふわしたものや毛足のあるものが得意。ミンク、レッキス、ラビットなど	● ラクーンやムートンのようなワイルド感のあるものが良い。ふわふわしたものや光沢が強すぎるものは苦手

		⓪ Straight	⓪ Wave	⓪ Natural
キルティング	2枚の布や革の間に綿や芯地を入れてステッチをかけたもの。表面に凹凸がある	× 表面の凹凸が身体を大きく見せてしまうので苦手	○ 凹凸が身体の薄さをカバーしてくれるので得意。細かめなキルティングがより似合う	× 装飾性が強すぎるものは苦手。大きめのキルティングであれば似合いやすい
レース	糸を組んだり、編んだりすることで網状の透かし模様を作った布。さまざまな模様がある	● 繊細で目の詰まったもの。高級感があり、厚手で柄が細かく、柄の密度があるもの、ハリがあるものが似合う	● 薄手でシースルー部分が多いものや繊細なものが良い	● 網目が大きく立体感のあるものが良い。バテンレース、マクラメレースなど
スパンコール	装飾用のプラスチックや金属の小片のことで、中央部の穴を通して布に縫い付けられる	× 身体を覆う服の生地に光り物があると着太りして見えるので避けたい	○ 光り物による足し算が得意	× 人工的な光沢が苦手

○、●、△の違い

本書では、素材、ディテール、丈、アイテムなどについて、3タイプごとに似合う、似合わないを○●△×で示しています。○は全般的に似合うおすすめのものです。●と△の違いがわかりにくいかもしれませんが、●は素材や形、サイズなどを選べば似合うもの、△は特におすすめではないが、×ほど似合わなくないので取り入れてもOKなものです。●はチョイス次第で似合う、似合わないの差が大きく出てくるので、素材やアイテムの特徴をよく把握して選びましょう。

骨格診断アドバイス

タイプ別 似合う柄・模様

柄や模様にはさまざまなものがありますが、骨格診断における選び方の基本を押さえておけば、どんなものでも迷いません。曲線的なもの・直線的なもの、はっきりとしたもの・曖昧なもの、模様の密度が高いもの・低いものといった基準から似合うものを導き出します。

柄・模様を着こなしておしゃれ上級者に！

　ストレートは、はっきり描かれた直線的なものが得意で、曲線的で細かい柄は苦手です。ウェーブはストレートの反対。アニマル柄など迫力が出やすい柄でもバランスが取れて似合うのが強みです。ナチュラルは直線的なものも曲線的なものも似合います。大胆な柄も着こなせるタイプです。

		⊙ Straight	⊙ Wave	⊙ Natural
ドット	水玉模様。ドットの大きさ、地色との色のコントラストなどで似合うタイプが変わる	● ドットが大きめで地色とのコントラストが強いものが良い	● ドットが細かいものが良い	× 規則的な曲線が苦手。着たい場合は、ドットがぼやけたようなシャドウドットを選ぶと良い
花柄	どの骨格タイプにも似合う柄がある。柄の大きさ、はっきり描かれているかでチェック	● 大柄ではっきり描かれたもの。色のコントラストもはっきりしたものが良い	● 小花柄が良い	● ボタニカル風のものが良い
ボタニカル柄	植物柄。色のコントラストや、植物が大きく描かれているかどうかでチェック	● 大柄で色のコントラストが強くはっきりしたものが良い	● 小柄で色のコントラストが弱くソフトな印象のものが良い	○ 大胆な柄からソフトな柄まで幅広く似合う

		ⓢ Straight	ⓦ Wave	ⓝ Natural
プッチ柄	イタリアのデザイナー、エミリオ・プッチが生み出した、流曲線の幾何学模様	× 曲線的で印象の強い柄は迫力が出やすいので避けたい	○ 色のコントラストがソフトで柄が大きすぎないものが良い	○ 大きく大胆なものから細かいものまで幅広く似合う
ペイズリー柄	インドのカシミール地方の勾玉模様ともいわれる。曲線で描かれた緻密で多彩な柄	× 曲線的で細かい柄はうるさい印象になりやすいので苦手	○ 曲線的で細かい柄が似合う	○ 曲線的で細かいものから大柄なものまで似合う
迷彩柄	不規則で曖昧な曲線柄。ワイルドな印象のものが多いが、色調によってはソフトなものもある	× 曲線的で曖昧な柄が苦手	× 曲線的ではあるが印象が強く、柄に負けてしまうので避けたい	○ 細かいものから大胆なものまで幅広く似合う
レオパード柄（ヒョウ柄）	黄色地に不規則で細かな斑点をあしらった模様。迫力が出やすいので骨格タイプを選ぶ	× 曲線的で細かい柄が苦手。動物柄は迫力が出てしまいやすい	○ 曲線的で細かい柄が得意。ヒョウ柄でも迫力が出ないのでバランスが取れる	× かなり強い印象になるので避けたい。ただし、小物使いであれば可
ゼブラ柄	しまうま柄。縦縞・横縞・斜め縞などがある。直線的・曲線的なもの、太さもさまざま	△ 直線的かつ大柄なものであれば可	○ 曲線的で細かいものが似合う	○ 細かいものから大柄なものまで似合う。大きな面積で使うと迫力が出るのでバランスを見て使うと良い

		👤 Straight	👤 Wave	👤 Natural
ホルスタイン柄	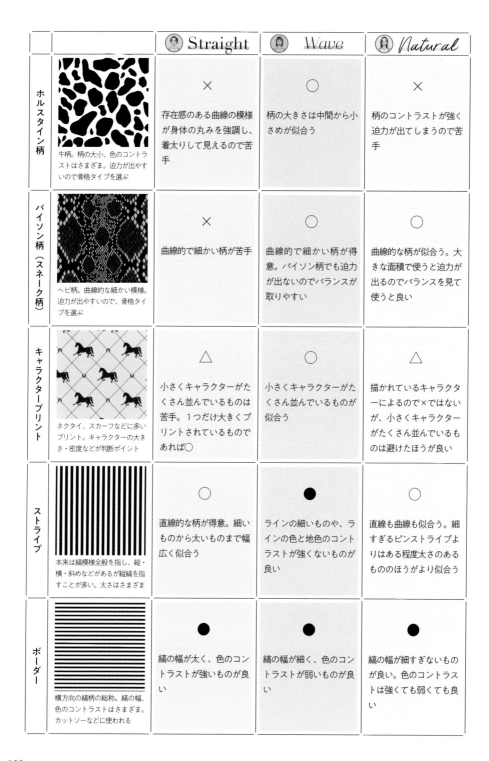牛柄。柄の大小、色のコントラストはさまざま。迫力が出やすいので骨格タイプを選ぶ	× 存在感のある曲線の模様が身体の丸みを強調し、着太りして見えるので苦手	○ 柄の大きさは中間から小さめが似合う	× 柄のコントラストが強く迫力が出てしまうので苦手
パイソン柄（スネーク柄）	ヘビ柄。曲線的な細かい模様。迫力が出やすいので、骨格タイプを選ぶ	× 曲線的で細かい柄が苦手	○ 曲線的で細かい柄が得意。パイソン柄でも迫力が出ないのでバランスが取りやすい	○ 曲線的な柄が似合う。大きな面積で使うと迫力が出るのでバランスを見て使うと良い
キャラクタープリント	ネクタイ、スカーフなどに多いプリント。キャラクターの大きさ・密度などが判断ポイント	△ 小さくキャラクターがたくさん並んでいるものは苦手。1つだけ大きくプリントされているものであれば○	○ 小さくキャラクターがたくさん並んでいるものが似合う	△ 描かれているキャラクターによるので×ではないが、小さくキャラクターがたくさん並んでいるものは避けたほうが良い
ストライプ	本来は縞模様全般を指し、縦・横・斜めなどがあるが縦縞を指すことが多い。太さはさまざま	○ 直線的な柄が得意。細いものから太いものまで幅広く似合う	● ラインの細いものや、ラインの色と地色のコントラストが強くないものが良い	○ 直線も曲線も似合う。細すぎるピンストライプよりはある程度太さのあるもののほうがより似合う
ボーダー	横方向の縞柄の総称。縞の幅、色のコントラストはさまざま。カットソーなどに使われる	● 縞の幅が太く、色のコントラストが強いものが良い	● 縞の幅が細く、色のコントラストが弱いものが良い	● 縞の幅が細すぎないものが良い。色のコントラストは強くても弱くても良い

チェックの柄の大きさが判断基準の1つ

チェック柄には、柄がスッキリしているもの・複雑なもの、粗いもの・細かいもの、フォーマル感のあるもの・カジュアル感のあるものなど、さまざまな種類があります。**柄の大きさやコントラストなど**が、**大事な判断基準**なので、そこを押さえておくと、たくさんあるチェック柄の種類の似合う・似合わないが把握しやすくなります。

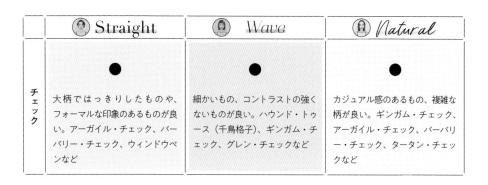

	ⓢ Straight	ⓦ Wave	ⓝ Natural
チェック	● 大柄ではっきりしたものや、フォーマルな印象のあるものが良い。アーガイル・チェック、バーバリー・チェック、ウィンドウペンなど	● 細かいもの、コントラストの強くないものが良い。ハウンド・トゥース（千鳥格子）、ギンガム・チェック、グレン・チェックなど	● カジュアル感のあるもの、複雑な柄が良い。ギンガム・チェック、アーガイル・チェック、バーバリー・チェック、タータン・チェックなど

柄の違いによる似合うポイントを把握しよう

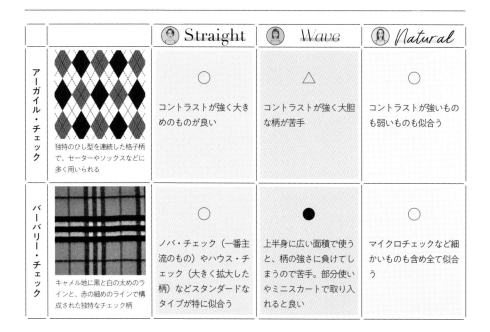

		ⓢ Straight	ⓦ Wave	ⓝ Natural
アーガイル・チェック	独特のひし型を連続した格子柄で、セーターやソックスなどに多く用いられる	○ コントラストが強く大きめのものが良い	△ コントラストが強く大胆な柄が苦手	○ コントラストが強いものも弱いものも似合う
バーバリー・チェック	キャメル地に黒と白の太めのラインと、赤の細めのラインで構成された独特なチェック柄	○ ノバ・チェック（一番主流のもの）やハウス・チェック（大きく拡大した柄）などスタンダードなタイプが特に似合う	● 上半身に広い面積で使うと、柄の強さに負けてしまうので苦手。部分使いやミニスカートで取り入れると良い	○ マイクロチェックなど細かいものも含め全て似合う

		👤 Straight	👩 Wave	👩 Natural
ウインドウ・ペン	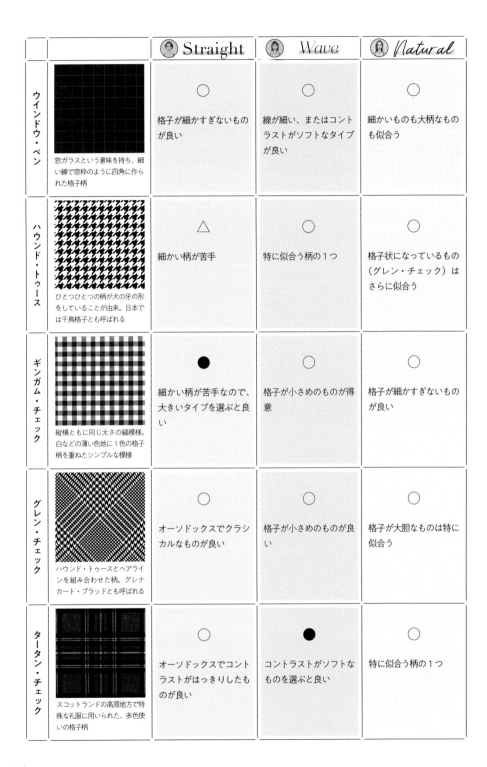窓ガラスという意味を持ち、細い線で窓枠のように四角に作られた格子柄	○ 格子が細かすぎないものが良い	○ 線が細い、またはコントラストがソフトなタイプが良い	○ 細かいものも大柄なものも似合う
ハウンド・トゥース	ひとつひとつの柄が犬の牙の形をしていることが由来。日本では千鳥格子とも呼ばれる	△ 細かい柄が苦手	○ 特に似合う柄の1つ	○ 格子状になっているもの（グレン・チェック）はさらに似合う
ギンガム・チェック	縦横ともに同じ太さの縞模様。白などの薄い色地に1色の格子柄を重ねたシンプルな模様	● 細かい柄が苦手なので、大きいタイプを選ぶと良い	○ 格子が小さめのものが得意	○ 格子が細かすぎないものが良い
グレン・チェック	ハウンド・トゥースとヘアラインを組み合わせた柄。グレナカート・プラッドとも呼ばれる	○ オーソドックスでクラシカルなものが良い	○ 格子が小さめのものが良い	○ 格子が大胆なものは特に似合う
タータン・チェック	スコットランドの高原地方で特殊な礼服に用いられた、多色使いの格子柄	○ オーソドックスでコントラストがはっきりしたものが良い	● コントラストがソフトなものを選ぶと良い	○ 特に似合う柄の1つ

part 2

似合う！
アイテム事典

トップス、ボトムス、小物など、ファッションアイテム約
150点について、骨格タイプごとに似合う・似合わない
を解説。○×だけでなく、似合わない理由や選ぶとき
に注意したいことも記しています。

骨格診断における「似合う」とは？

各アイテムについて見ていく前に、骨格診断において「似合う」とはどういうことかを改めて確認してみましょう。各骨格タイプの特徴、似合うの定義・条件が頭に入ることで、アイテムの似合う・似合わないもスッキリと理解することができます。また、アイテムを形作る要素についても整理をしておくと、トレンドが変わったり、新しいタイプのアイテムが出てきたりしたときも柔軟に判断ができるようになります。

「似合う」の定義

　骨格診断メソッドにおいて「似合う」とは、その人の持つ身体のラインの特徴や質感の特徴となじんで自然に着こなせること、身体の特徴を活かし、ウイークポイントを目立たせないことです。

☑ 全身がスタイルアップして見える

似合うアイテムを身につけると、重心の高さや身体の凹凸が調整され、プロポーションが良く見えます。

☑ 垢抜けて見える

身体のラインや質感となじむアイテムは、着ていて自然に見えることから「着こなしている」印象になり垢抜けたイメージを与えることができます。

☑ 服が悪目立ちしない

似合うアイテムの場合は、たとえ派手なものであっても自然にその人と調和し、悪目立ちしません。逆に似合わないアイテムはやけに目立ち、身体と調和していない印象になります。

☑ 魅力的に見える

似合うアイテムは、その人の持つ長所を自然に表面に出すため、本来の美しさや魅力が引き出されます。

アイテムの見極め方

似合うアイテムかどうかを見極めるための大きな要素として、デザイン、素材、サイズが挙げられます。このあとに続くアイテム事典でも、この3要素を意識すると、理解しやすくなります。

1 デザイン（形、装飾）

身体に沿うタイトなシルエットなのか、
広がりのあるふわっとしたシルエットなのか、
身体のどの部分を見せてどの部分を隠すのか、
まずは大まかな形を捉えましょう。
そして、ギャザーやフリルなどのディテールのデザイン、
リボンなどの装飾があるのかないのかも
大切なポイントです。

2 素材（素材感）

P44で述べたように、骨格診断において、
素材は似合う・似合わないを決定づける大切な要素です。
同じデザインのアイテムでも、素材が違うと似合う・似合わないが
変わってきます。目にしたときの印象だけでなく、
実際に触ったり身につけたりしたときの
素材感で判断しましょう。

3 サイズ、丈、ボリューム

似合うデザイン、似合う素材のアイテムでも、
サイズが違うと、似合う・似合わないに差が出てきます。
サイズはアイテムごとに違うので、単純に
S・M・Lなどの表記で判断するのではなく、試着をして
見極めるのが重要です。素材の質感や厚み、
量などによるボリュームもサイズと同様に大切です。

トップスの着丈 & 袖丈

ファッションアイテムの「丈」は身につけたときの印象を大きく左右します。骨格タイプ別に得意な丈・苦手な丈があります。細かなファッションアイテムの解説に入る前に、丈についての基本的な考え方を押えておきましょう。

〇…似合うアイテム　●…素材や形、大きさなど条件が合えば似合うアイテム
△…特におすすめではないが、取り入れても OK なアイテム　×…苦手なアイテム

トップスの「着丈」

トップスの着丈（肩から裾までの長さ）は、ストレートが「標準」、ウェーブが「短め」、ナチュラルは「長め」が得意です。なお、これはトップスに限らず全てのアイテムの基準です。例えば、ジャケットならストレートは、ちょうどお尻が隠れるくらいの丈、ウェーブはウエストや腰の高い位置までの丈、ナチュラルなら太ももまで届く丈が似合います。

ただし、時代ごとにトレンドの丈は変わります。ロング丈が流行りならその範囲でストレートとウェーブは短め、ナチュラルは好きなだけ長いものも OK。ショート丈が流行りなら、その範囲でストレートとナチュラルは長め、ウェーブは好きなだけ短いものも似合います。

	👤 Straight	👤 Wave	👤 Natural
着丈	**標準** ジャケットであればお尻がぎりぎり隠れる丈、ブルゾンであればウエストと腰の中間あたりなど、各アイテムの標準とされる丈が良いと考える	**短め** ジャケットであれば標準より少し短めの丈、ブルゾンであればウエスト丈など、各アイテムの標準とされる丈より短めが良いと考える	**長め** ジャケットであればお尻がすっぽり隠れる丈、ブルゾンであれば腰に近いくらいの長め丈など、各アイテムの標準とされる丈より長めが良いと考える

5つの基本の袖丈

「袖丈」とは肩先から手首までの長さのこと。その長さによって、**長袖、七分袖、半袖、三分丈、ノースリーブという大きく5つの種類があります**。ウェーブは中途半端な袖丈や、長袖なら気持ち短めの袖丈が得意です。ノースリーブも着痩せして見えるので３タイプの中では最も得意。ストレートとナチュラルは半端丈が苦手で、オーソドックスな長袖、半袖が得意です。

また袖には、さまざまなデザインがあり、骨格タイプごとに似合うものが異なります。これらの詳細はP62で解説していますので、合わせて判断できるようになるといいでしょう。

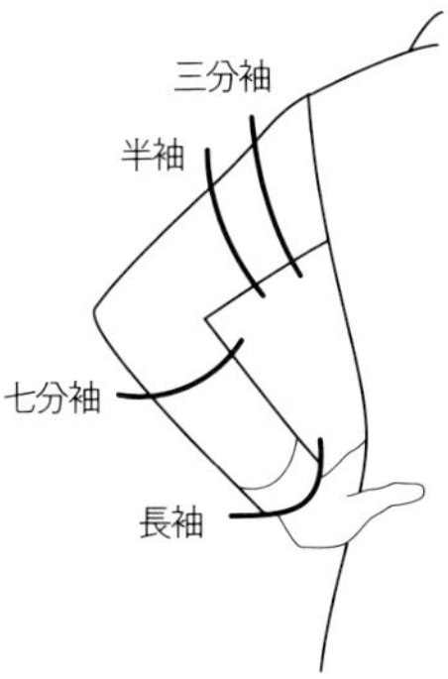

	Straight	Wave	Natural
長袖	○ オーソドックスな長袖が似合う	△ オーソドックスな手首の位置にくる長さよりわずかに短めのほうが良い	○ オーソドックスな長袖も長めの長袖も似合う
七分袖	× 中途半端に感じる丈や長さが苦手	○ 少し短めなど中途半端な長さが得意	× 長め大きめのものが得意なので半端に短いものは避けたい
半袖	○ オーソドックスな半袖が似合う	△ オーソドックスな半袖は地味な印象に見えやすいため、少し短いものや長いもののほうが良い	○ オーソドックスな半袖が似合う

	🙂 Straight	🙂 Wave	🙂 Natural
三分袖	× 二の腕の太い部分を強調し、着太りして見えるので避けたい	○ 腕を出すと着痩せして見えるので得意	× 骨っぽさが目立つため、短めなアイテムは苦手
ノースリーブ	△ 本来二の腕は出さないほうがスタイルアップして見える。フレンチスリーブなどで半端に出すよりはスッキリ全て出してしまったほうが良い	○ 肩と腕を出すと着痩せして見えるので得意	△ 肩の骨が大きいので、出すとスタイリッシュな印象が強調される。やわらかさを出したい場合は出さないほうが良い
袖幅	標準 身頃、パンツ幅、袖幅など全てベーシックな幅が似合う	細め〜標準 身頃、パンツ幅、袖幅など全てタイトなシルエットが似合う。標準幅まで可	標準〜太め 身頃、パンツ幅、袖幅など全てゆったりしたものが似合う。標準幅まで可

丈は垢抜けて見えるかどうかの
大事なポイントになる！

　服を購入するときに、デザインや素材ばかりに目がいきがちですが、実は丈はデザイン以上にトレンドが表れやすいポイントです。例えば、ロングスカートが流行っているときに「ウェーブタイプは短いものが似合うからミニスカートを着ないといけない！」と、頑なに考える必要はありません。もちろん、骨格タイプ別に似合うものを選ぶことも大事ですが、トレンドに合ったものを選ばないと、似合う以前に、古臭い印象になってしまう可能性もあります。まずは、トレンドの丈を把握し、そのうえで自分に似合うアイテムを選ぶとおしゃれに見せられますよ。

ネックの開き

　ネックラインのデザインだけでなく、**縦の開き具合・横の開き具合も、骨格タイプごとに得意なもの、苦手なものがあ**ります。

　ストレートは縦に深く開くものが得意で横に大きく開くものが苦手、ウェーブは横に大きく開くものが得意で縦に深く開くものが苦手、ナチュラルは縦も横も開きすぎるものが苦手で、自然に胸元が開くものが得意です。P64 からのネックライン・カラーのデザインも合わせて選びましょう。

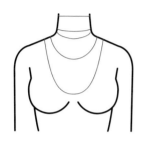

Straight

胸元が縦に深く開くものやオーソドックスなクルーネック、ハイネックなどが似合います。肩まわりの筋肉にハリがあるので、横の開きは首の付け根から少し広げたくらいまでにしたほうが良いでしょう。

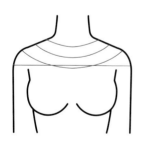

Wave

胸の位置の低さが目立つため、胸元が深く開くタイプは苦手。同じ理由で、ハイネックなど首が詰まったデザインも避けたほうが良いでしょう。華奢な肩まわりを強調できる、横に大きく開くネックラインは着痩せして見えます。

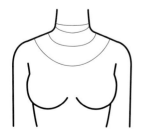

Natural

胸元が深く開くものや、左右に大きく開くネックラインは首元がたくましく見えてしまいます。スクエアなど人工的なイメージのものも苦手なので、ラウンド状に自然に胸元が開くデザインを選びましょう。

袖のデザイン

上半身の印象を作るパーツ

　袖は、二の腕、肩のラインや厚みが表れやすく、**上半身のボリュームやシルエットを左右する重要なパーツ**です。身体を引きで見たときの重心のバランスにも影響するので、似合うデザインをしっかり把握しておきましょう。また、デザインだけでなく P59 で解説した袖丈についても、合わせて理解しておくことが重要です。

		ⓢ Straight	ⓦ Wave	ⓝ Natural
アメリカンスリーブ	首の根元から袖ぐりの下まで斜めに大きくカットされたノースリーブ型デザイン	× 肩のラインが丸く厚みがあるので、目立つ形で出すと着太りして見える	○ 肩に丸みがなく薄いので、目立つ形で出すと着痩せして見える	× 肩の骨と鎖骨が大きいので、目立つ形で出すと力強い印象になる
フレンチスリーブ	袖付けの切り替えがなく、身頃から続く袖。長さは多様だが、ここではおもに短いものを指す	× 二の腕の一番太い部分で切れるので着太りして見える	○ 二の腕の細い部分で切れるので着痩せして見える	× 腕の骨っぽさが強調されるので苦手
パフスリーブ（ショート）	袖山や袖口をギャザーやタックで膨らませた袖のことで、肘の位置よりも短い丈のもの	× 厚みのある肩にパフの立体が重なると身体が大きく着太りして見える	○ デコルテエリアの足し算になるので似合う。肩幅が広い人は、袖の付け根にボリュームのないタイプが良い	× ショートは腕の骨っぽさが目立ち、パフのボリュームも出にくいため避けたほうが良い

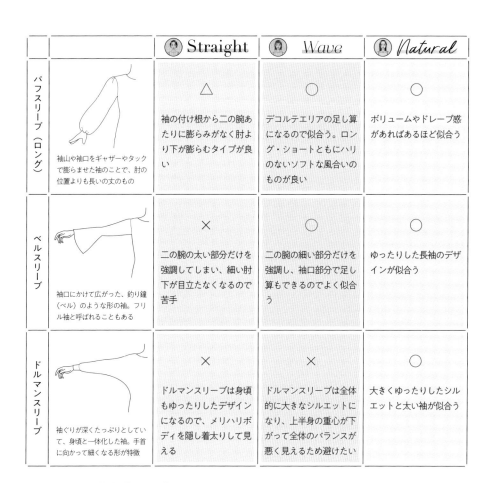

		Straight	Wave	Natural
パフスリーブ（ロング） 袖山や袖口をギャザーやタックで膨らませた袖のことで、肘の位置よりも長いの丈のもの		△ 袖の付け根から二の腕あたりに膨らみがなく肘より下が膨らむタイプが良い	○ デコルテエリアの足し算になるので似合う。ロング・ショートともにハリのないソフトな風合いのものが良い	○ ボリュームやドレープ感があればあるほど似合う
ベルスリーブ 袖口にかけて広がった、釣り鐘（ベル）のような形の袖。フリル袖と呼ばれることもある		× 二の腕の太い部分だけを強調してしまい、細い肘下が目立たなくなるので苦手	○ 二の腕の細い部分だけを強調し、袖口部分で足し算もできるのでよく似合う	○ ゆったりした長袖のデザインが似合う
ドルマンスリーブ 袖ぐりが深くたっぷりとしていて、身頃と一体化した袖。手首に向かって細くなる形が特徴		× ドルマンスリーブは身頃もゆったりしたデザインになるので、メリハリボディを隠し着太りして見える	× ドルマンスリーブは全体的に大きなシルエットになり、上半身の重心が下がって全体のバランスが悪く見えるため避けたい	○ 大きくゆったりしたシルエットと太い袖が似合う

袖付けの位置も
似合うアイテムを探すときのポイントになる

骨格診断アドバイス

　袖の付け方は大きく2種類。肩のラインに沿って袖を付けた「セットインスリーブ」と、袖付け部分を肩より落とすことで、普通の肩のラインよりも丸みのあるデザインにする「ドロップショルダースリーブ」です。ウェーブタイプはどちらでも似合いますが、ストレートタイプはセットインスリーブ、ナチュラルタイプはドロップショルダーが似合います。似合わないものを身につけると、着太りして見えたり、窮屈な印象になったりするので、選ぶときに袖の付け方もチェックするのがおすすめです。

ネックライン・カラー

デコルテエリアの足し算・引き算にかかわる

「ネックライン」は衣服の首周りの総称で、一般には衿ぐりを意味することが多いです。首に沿った丸形、縦に長いV形、横に広がった角形といった形が代表的ですが、タートルネック、オフショルダーなどもネックラインのデザインの1つです。一方の「カラー」は衿の総称です。身頃と別に裁断して付けた衿、身頃から裁ち出された衿、身頃の一部を折り返して作る衿などがあります。骨格診断においては、開きの広さや角度、布のボリューム感などが判断するときのポイントで、選ぶアイテムによって、デコルテエリアの印象が大きく変わります。

		Straight	Wave	Natural
ラウンドネック	丸いネックラインの総称。首の付け根に沿った形が基本だが、浅い衿から深い衿までを含む	● 鎖骨のすぐ下くらいまでの広すぎないタイプが似合う	○ 詰まりすぎず広すぎない開きが良い	○ 広すぎない開きが良い
クルーネック	首元が丸く詰まった、ラウンドネックの代表。船員(クルー)が着るセーターが由来とされる	○ シンプルでオーソドックスなクルーネックは、高いバスト位置とのバランスが良い	× 首の付け根まで詰まったクルーネックは、バスト位置の低さを目立たせるため避けたい	○ 鎖骨が目立つ広すぎるもの以外は似合う
Uネック	ネックラインがU字型にくくられたもので、ラウンドネックよりも深めのネックラインが特徴	○ 縦方向に開くネックラインが似合うので、開きの浅いものから深く開いているものまで似合う	△ 深く開きすぎない浅いものが良い	△ 深く開きすぎない浅いものが良い

		Straight	Wave	Natural
Vネック V字のネックラインの総称で、開きの幅と深さは多様。Vシェイプドネックラインとも呼ぶ		○ アルファベットのVの字のような鋭角なタイプが特に似合うが、ネックラインが直線であれば全てのVネックが似合う	× 首の付け根から始まる狭いタイプはデコルテエリアが寂しく見えるため苦手	△ 窮屈な印象のあるものより、ゆとりのある幅広タイプのほうが得意。Vが縦に深く開きすぎないものを選ぶと良い
横広Vネック オフショルダーに近いような幅が広めのVネック。肩に引っかけるように着るのが特徴		○ 直線的なものが得意	○ Vの深さが浅いものが似合う。角度は広いほど良い	○ 縦に深く開くものより、ゆったりしたラインが得意
スクエアネック 首の付け根から、四角に切り取ったような形をしているネックラインの総称		○ 直線的なラインが似合う	○ 縦より横に開くスクエアネックが似合う	△ 四角いフォルムを強調するのでなるべく避けたほうが良い。素材に厚みがあれば良い
ボートネック 鎖骨のラインに沿って、船底型にゆるいカーブを描いたようなネックライン		● 肩のラインが見えるほど横に開きすぎないものが良い	○ 縦方向より横方向に広いネックラインが似合う	○ 自然な曲線のネックラインが似合う。肩が見えるほど広いものは避けたほうが良い
タートルネック 首に沿って筒状に立ち上がり、二重あるいは三重に折り返されたネックライン		△ スッキリとしていて折り返しがもたつかず、きちんと重なるタイプが良い	× 身体の幅が広く、バストの位置が低いため、首が詰まったデザインはデコルテエリアの面積が広く見えるので苦手	○ 大きなタートルや折り返さない着方も似合う

		😊 Straight	😊 Wave	😊 Natural
ハイネック	身頃の生地が首に沿って立ち上がった衿の総称だが、2〜3cmの立ち上がりを指すことが多い	○ 折り返しのないスッキリしたハイネックが似合う。ヨレないタイプが良い	× タートルネックと同じ理由で首が詰まったデザインが苦手。ウェーブタイプは首を見せたほうがキレイに見える	△ 首にピタッと張り付くタイプよりゆとりのあるタイプが良い
オフタートルネック	首にフィットしたタートルネックと異なり、首から離れて前に傾斜するように垂れたもの	× ルーズなシルエットやアイテムは、やぼったい印象に見えるので苦手	○ 布のやわらかさを感じるディテールが似合う	○ ルーズなディテールが似合う
ホルターネック	前身頃から続く布やストラップを首から吊り下げたデザイン。背中が大きく開くことが多い	× 肩のラインが丸く厚みがあるので、目立つ形で出すと着太りして見える	○ 肩に丸みがなく薄いので、目立つ形で出すと着痩せして見える。ただし、肩幅がとても広い場合は避けたほうが良い	△ デニムや厚手の麻などしっかりした素材のものやギャザーで布を多く使っているものが良い
オフショルダー	両肩を露出させるほど大きく開いたデザインで、イブニングドレスなどに使われることが多い	× 肩のラインが丸く厚みがあるので、目立つ形で出すと着太りして見える	○ 肩に丸みがなく薄いので、目立つ形で出すと着痩せして見える。ただし、肩幅がとても広い場合は避けたほうが良い	△ 肩の骨を出すことでよりスタイリッシュになる。かわいらしさなどを強調したい場合は避けたほうが良い
タックドネック	襟ぐりにタック（布をつまみ、折って縫ったヒダのこと）が入ったネックラインのこと	× 胸板が厚いので、着太りして見える。引き算をしたいデコルテエリアにタックはないほうがスッキリしてキレイにまとまる	○ 足し算をしたいデコルテエリアにタックがあると華やかさが増すので良い	● タックではなく、ギャザーになっているデザインであれば○

		🔵 Straight	🔵 Wave	🔵 Natural
シャツカラー	シャツに見られる折り返しのある衿の総称。台衿（衿の土台となる帯状部分）の有無は問わない	○ しっかりアイロンがかかったようなパリッとしたシャツタイプのものが似合う	× 前開きのワイシャツ風の衿は、垢抜けない印象になりがち	○ 洗いざらしのようなものでも似合う
ラウンドカラー	シャツの衿型で、衿先が丸みを帯びたものの総称。ラウンデッドカラーとも呼ぶ	△ デコルテエリアに丸いアイテムをおくと、身体の丸みが強調されて着太りして見える	○ 曲線的なアイテムが似合う	○ 曲線でも直線でも似合う
フリルカラー	ネックラインや衿の縁にフリルを付けた衿のこと。ラッフルド・カラーとも呼ばれる	× 胸板が厚い分、立体的なものをプラスすると着太りして見える。デコルテエリアはできるだけスッキリさせたいので避けたい	○ デコルテエリアは足し算したい部分なので似合う	○ フリルが大きくボリュームのあるタイプが良い
ドレープカラー	衿ぐりにドレープが入ったもので、スカーフ風や肩から布を垂らしたような形などさまざま	× 胸板が厚い分、立体的なものをプラスすると着太りして見える。デコルテエリアはできるだけスッキリさせたいので避けたい	○ デコルテエリアは足し算したい部分なので似合う	○ なるべくゆったりと大きなドレープが付いていると良い
ボーカラー	蝶々結びにした衿のこと。おもに女性のブラウスやワンピースに用いられることが多い	△ デコルテエリアの足し算にならないよう、立体的な結び方にならない着方であれば良い	○ デコルテエリアは足し算したい部分なので似合う。首が詰まっていないタイプが良い	○ 大きくボリュームのあるタイやリボンが良い

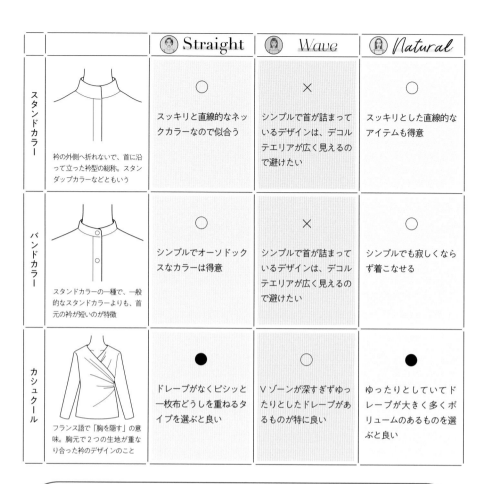

		Straight	Wave	Natural
スタンドカラー	衿の外側へ折れないで、首に沿って立った衿型の総称。スタンダップカラーなどともいう	○ スッキリと直線的なネックカラーなので似合う	× シンプルで首が詰まっているデザインは、デコルテエリアが広く見えるので避けたい	○ スッキリとした直線的なアイテムも得意
バンドカラー	スタンドカラーの一種で、一般的なスタンドカラーよりも、首元の衿が短いのが特徴	○ シンプルでオーソドックスなカラーは得意	× シンプルで首が詰まっているデザインは、デコルテエリアが広く見えるので避けたい	○ シンプルでも寂しくならず着こなせる
カシュクール	フランス語で「胸を隠す」の意味。胸元で2つの生地が重なり合った衿のデザインのこと	● ドレープがなくピシッと一枚布どうしを重ねるタイプを選ぶと良い	○ Vゾーンが深すぎずゆったりとしたドレープがあるものが特に良い	● ゆったりとしていてドレープが大きく多くボリュームのあるものを選ぶと良い

大きな衿や付け衿の注意点

骨格診断アドバイス

　トレンドによっては、大きな衿が付いたトップスや付け衿が人気になることも。かわいらしい雰囲気になるものが多いので、ウェーブタイプ向けに見えますが、実は、素材だけ見るとストレートタイプに似合うものが多いです。ウェーブタイプはなるべくレースなどやわらかい素材で作られているものを選びましょう。ナチュラルタイプは、基本的に大きいものが似合います。ストレートタイプはデコルテに装飾があるのが苦手なので、大きすぎる衿は避けたほうが良いでしょう。

トップス

定番アイテムが多いからこそ、素材選びが重要

　スーツに合わせるようなシャツ、Tシャツなどのカットソー、セーターやカーディガンなど、代表的なトップスについて解説します。

　シャツ、ブラウス、Tシャツなど定番アイテムが多いですが、同じ形でも使われている素材によって印象が大きく変わります。また、ネックライン、袖の丈やデザインなども組み合わせると、実際はさまざまなタイプのアイテムがあるので、特徴をよく捉えて、似合うもの、似合わないものを見極められるようにしましょう。

		ⓢ Straight	ⓦ Wave	ⓝ Natural
シャツ	スーツなどに合わせて着るシャツ全般のこと。一般に、前で合わせてボタンをかけるものを指す	◯ アイロンがしっかりかかったようなパリッとした質感で、適度に厚みと硬さのある上質な生地のものが良い	△ やわらかい素材や透けるような素材、光沢のある素材などを選ぶと良い	◯ 洗いざらしのようなものや表面に凹凸があるもの、ゆったりとしたシルエットのものが似合う
ブラウス	一般的にゆったりとしたシルエットが多く、やわらかい素材の生地を使用したトップス	△ 適度に厚みと硬さを感じる高級感のある素材で、シンプルなデザインのものを選ぶと良い	◯ 厚みと硬さがありすぎないものを選ぶと良い	● ゆったりとしたシルエットのものが良い
チュニックブラウス	お尻が隠れる程度の丈から膝丈くらいまでの長い丈のブラウスでロングブラウスとも呼ばれる	× 身体の一番厚みのある部分だけを拾ってしまうので着太りして見える	● ハイウエスト切り替えのミニ丈ワンピース風のものが良い。股下あたりの丈を選ぶと脚長効果がある	◯ ゆったりしたアイテムは得意。丈も長めのものを選ぶとバランスが良い

		ⓢ Straight	ⓦ Wave	ⓝ Natural
ポロシャツ	ポロ競技のユニフォームから生まれたプルオーバー型のニットシャツ。短めの前開きが特徴	○ スタンダードアイテムが似合う。ポロシャツを着てかわいい印象が作れるのはストレートタイプの特徴	× 地味な印象になりがちなので、着たい場合はフレンチスリーブやタイトなシルエットのものなどを選ぶと良い	○ ゆったりとしたシルエットのものが良い
Tシャツ	丸首・半袖のかぶり式シャツ。元々は肌着で、ジーンズの流行とともにアウターウエア化	○ スタンダードなTシャツが得意。無地もロゴもプリントも似合う	● ストレッチが効いた素材、ウエストに絞りのある細身のシルエット、フレンチスリーブなど短めの袖が良い	○ 大きめシルエット、長めの丈が良い。無地もロゴもプリントも似合う
タンクトップ	袖がなく首・胸周りが大きく開いた衣類。競泳用水着のタンクスーツに似ていることが由来	○ 生地の選び方が重要。適度な厚みのある安っぽくない生地感のものが似合う	● リブ編み（表目と裏目を交互に配列した編地）のニット素材のものが良い	○ 身体に張り付かないタイプが良い
キャミソール	細い肩紐で身頃を吊るし、肩を露出させた、おもに女性用の袖なしの下着あるいはトップス	× 肩のラインに丸みがあり、細い紐との対比で着太りして見えることがあるので避けたい	○ 薄いデコルテエリアとの相性が良い	× 肩の細い紐が骨格を大きく見せるので避けたい
ベアトップ	英語で裸を意味する「bare」が語源で、肩紐がなく胸から上を露出させた衣服全般を指す	○ バストの位置が高くメリハリがあるのでキレイに着こなせる	× バストの位置の低さとメリハリのない身体を強調するので避けたい	× 肩の骨っぽさを強調してしまう。スカートやベールで骨っぽさをカバーできるウェディングドレスはその限りではない

		ⓢ Straight	ⓦ Wave	ⓝ Natural
ニット	編み目が細かく密度の高いものはハイゲージ、編み目が粗いものはローゲージと呼ばれる	● 表面がフラットでキレイな素材が得意なので、ハイゲージが似合う	● どのゲージも似合うが、ソフトな編み地が良い。シンプルすぎて地味な印象にならないデザインやコーディネートが良い	● どのゲージも似合う。ネックラインの開きが浅く、身幅が大きく着丈が長いゆったりサイズのものを選ぶと良い
アランセーター	アイルランドのアラン諸島を発祥とする手編みセーター。立体的なケーブル模様が特長	× 厚みと立体感のあるニットやローゲージニットは身体が大きく見え、着太りの原因にもなるため苦手	× 厚みと立体感に負けてしまいニットに着られた印象になるので苦手	○ 厚みと立体感のあるアイテムが得意。ローゲージも得意
カウチンセーター	バンクーバー島の先住民カウチン族に由来する防寒用セーター。鳥や鹿などの柄が特徴的	× 厚みがあり太い糸で編まれたローゲージは着太りして見えるので苦手	× 太い糸で固く編まれた目の詰まったニットは、厚みが出る分、着太りして見えるので苦手	○ 厚みがあり、大きめのシルエットが似合う
カーディガン（ショート）	前開きのセーターでお尻の位置よりも短いものを指す。衿なし・ボタン留めが一般的	× ウエスト～腰のあたりの丈のカーディガンは身体を大きく見せるので避けたい	○ 重心が上がりスタイルアップするので得意	× 短いものは、骨っぽさが目立つめ苦手
カーディガン（ロング）	前開きのセーターでお尻が完全に隠れる丈感以上のものを指す。アウター感覚で着ることも多い	● ハイゲージで長すぎず、薄すぎないものが良い	× 長いものは下重心を強調するので避けたい	○ 長いものがよく似合う。薄手のものよりもある程度厚みのあるものが似合う

		Straight	Wave	Natural
フーディー	フード付きのトレーナーやジャケットのこと。パーカは本来、フード付き防寒アウターを指す	● ベーシックな丈で、フード部分に高さや厚みがないものが似合う	○ 短め丈で、フード部分に高さや厚みがありすぎないものが似合う	○ 長め丈で、フード部分に高さや厚みがあるものが似合う

3タイプ別、最もおすすめのブラウスは？

　ストレートタイプが最も似合うブラウスは、ハリのあるシャツタイプです。やわらかい素材を着ると着太りして見える可能性があるため、できるだけ地厚の素材を選ぶのがいいでしょう。ベーシックな形で身体にちょうどフィットするサイズのものが似合います。

　ウェーブタイプに最も似合うブラウスは、薄手でやわからい質感のもの。透けるような素材のものも上手に着こなせるのがウェーブタイプの特徴です。ネックラインは広めのものを選ぶと、着痩せして見えます。

　ナチュラルタイプに最も似合うブラウスは、ゆったりしたシルエットでボリュームのあるデザインのもの。サイズに余裕を持たせることで、身体が持つシャープさを自然と活かすことができます。ボウタイなどが付いている場合も、なるべく大きいものを選ぶのがおすすめです。

Straight

Wave

Natural

ur's

ボトムスのウエスト&丈

ボトムスのウエストライン

ウエストラインとは胴回りの水平線のことです。トップスとボトムスの境目でもあり、どこをウエストマークするかによって全体のバランスの印象が大きく変わってきます。

スカートのウエストラインはおもに3つあります。ウエストの最も細い位置が「ジャスト」、ジャストよりも高い位置が「ハイウエスト」、低い位置が「ローウエスト」と呼ばれます。

スカートのウエストライン

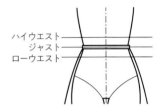

ハイウエスト
ジャスト
ローウエスト

	⊙ Straight	⊙ Wave	⊙ Natural
ハイウエスト	✕ 胸とウエストの位置が高いため、身長に対して胴の比率が短い。ハイウエストを着ると上に詰まった感じになり、着太りして見える	◯ ウエストより少し上あたりが一番細いため、ハイウエストを着ると、より着痩せして見えるので似合う	△ ゆるっとした、リラックス感のあるもののほうが似合う
ジャスト	◯ ジャストのラインは全タイプ似合う	◯ ジャストのラインは全タイプ似合う	◯ ジャストのラインは全タイプ似合う
ローウエスト	◯ 重心が高いので、ローウエストでもかっこよく着こなせる	✕ 低い重心をさらに下げることで、胴が長く見えてしまうので避けたい	◯ ゆるっとしたものが得意なので似合う

パンツのウエストラインはスカートとは少し異なります。ウエストの最も細い位置と、それよりも高い位置は「ハイライズ」。それより少し低い位置は「ベーシック」で、紳士服のパンツはベーシックを基準に作られています。ベーシックよりも低いのは「ローライズ」です。パンツのウエストラインはトレンドによって大きく左右されます。

パンツのウエストライン

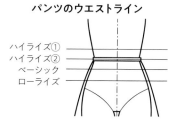

ハイライズ①
ハイライズ②
ベーシック
ローライズ

	Straight	Wave	Natural
ハイライズ①	✕ 上に詰まった感じになり、着太りして見える	◯ ハイライズで重心を上げると、より着痩せして見えるので似合う	△ ゆるっとした、リラックス感のあるもののほうが似合う
ハイライズ②	△ 避けたいラインではないが、低いウエストラインのほうが重心のバランスが取れるので似合う	◯ ハイライズで重心を上げると、より着痩せして見えるので似合う	◯ スカートでいうジャストのウエストラインなので、似合う
ベーシック	◯ 重心が高いので、かっこよく着こなせる	△ 高めのウエストラインを選ぶほうが似合う	◯ ゆるっとしたものが得意なので似合う
ローライズ	◯ 重心が高いので、かっこよく着こなせる	✕ 低い重心をさらに下げることで、胴が長く見えてしまうので避けたい	◯ ゆるっとしたものが得意なので似合う

ボトムス丈の目安

　裾がくるぶしを隠すくらいのマキシ丈、足首くらいのアンクル丈、ふくらはぎ丈、膝下、膝上、もも丈（ミニ丈）などがあります。ボトムスの丈は、**身体の重心を決めるポイント**の1つ。例えば、スカート丈が長いほど重心は低くなり、短いほど重心は高くなります。似合わない丈を身につけると、脚が短く見えたり、全体のスタイルが悪く見えたりします。

　なお、似合う丈を導き出す基準には、重心の高さだけではなく脚の形の特徴や膝の特徴も影響しています。

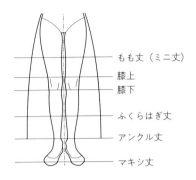

もも丈（ミニ丈）
膝上
膝下
ふくらはぎ丈
アンクル丈
マキシ丈

	Straight	Wave	Natural
もも丈（ミニ丈）	×	○	×
	膝下が細く太ももに太さがあるので、あえて太い部分を強調しないほうが脚のキレイさが際立つ	太ももから膝下まで太さに変化が少ないので、細い太ももを出すと痩せた印象になる	骨っぽさが目立つため、短いアイテムが苦手
膝上	○	△	△
	膝の形と膝下の真っ直ぐなレッグラインがキレイなので似合う	膝の位置が低く、膝が前に出ている人が多いので隠したい。着たい場合は、なるべく短め丈で重心を上に見せるほうが良い	骨っぽさをカバーできる長いものが得意なので、なるべく長めを意識したい。膝関節が大きく目立つのも避けたい理由の1つ
膝下	△	○	○
	膝を含めた膝下のレッグラインがキレイなので、膝が隠れないほうがより美脚を強調できる	膝のすぐ下の丈が、一番レッグラインがキレイに見えるので得意	膝が隠れる長さがあるとバランスが良くなる。もっと長くても似合う

	Straight	Wave	Natural
ふくらはぎ丈	△ 膝下のレッグラインがキレイなので、そこを出せる丈のほうが似合う。ペンシルスカートで全身を I ラインにまとめる場合は○	● 長さによっては下重心を強調する可能性があるので、ヒールのある靴などでバランスを取ると良い	○ 長めの丈が似合う
アンクル丈	○ しっかり長さのある存在感のあるアイテムを着こなせる	△ 下重心を強調するので、避けたい。なるべくソフトな素材感のものを選ぶと良い	○ 長いものが似合う
マキシ丈	○ 身長が低くても服に負けず着こなせる	× 下重心を強調するので避けたい。着たい場合は、軽い素材感でハイウエストのものを選ぶと良い	○ 身長が低くても服に負けず着こなせる

骨格診断アドバイス

パンツの裾合わせはどうしたら良い?

　パンツの裾を折り返さない仕上げを「シングル」、折り返す仕上げを「ダブル」と呼びます。ストレートは引き算が得意なのでシングルが得意です。ウェーブは本来足し算が得意ですが、裾の折り返しはディテールとしてハードで、足元が重たく着られたような印象になるためシングルのほうがいいでしょう。ナチュラルはベーシックなシングルも似合うほか、裾に存在感が出るダブルも着こなせます。

タイプ別ベストな裾合わせ

Straight
シングル

Wave
シングル

Natural
ダブル・シングル

スカート

脚の形と全体の重心が似合うものを見つけるポイント

　3タイプそれぞれの脚や腰まわりの特徴を理解すると、似合うスカートを見つけやすくなります。ストレートタイプは、細い膝下を強調できる長さやスッキリしたラインのものが得意です。腰まわりにボリュームが出やすいので、広がった形や装飾的なデザインは苦手。ウェーブは華奢な腰まわりを強調できる広がりのある形が得意。長すぎる丈は下重心になるので苦手です。ナチュラルは、フレーム感のある脚や腰まわりになじむ、長めの丈やボリュームのあるものが似合います。コンパクトなシルエットは骨っぽさが目立つので苦手です。

		Straight	Wave	Natural
タイト	身体の線に沿ってぴったりフィットするシルエットが特徴。裾にスリットが入ったものも多い	○ ウエスト芯があるタイプ。スリット位置はセンターかバック、サイドが良い	○ ハイウエストも似合う。スリット位置は脚の湾曲が目立つセンター位置を避ける。斜め横が一番似合う	○ スリット位置はサイドが得意。避けたい位置はない
ストレート	ヒップラインから裾まで直線的なシルエットが特徴。チューブスカート、コラムスカートとも	○ 直線的なシルエットが得意	△ 中途半端に身体のラインが見えないものは垢抜けない印象になるので避けたほうが良いが、やわらかい生地のものは似合う	○ タイトなのかフレアなのかはっきりしないようなゆったりめのシルエットも得意
台形ミニスカート	ウエストから裾に向かってコンパクトな台形型に広がった、膝上丈のミニスカート	× 太ももが強調されるので苦手。太ももの太さと膝下の太さに差があるため、太ももを隠すほうがスタイルアップして見える	○ 台形スカートのコンパクトなシルエットが似合う	× コンパクトなシルエットは骨っぽさが目立つので苦手

		ⓘ Straight	ⓘ Wave	ⓘ Natural
フレア	ウエストから裾にかけてフレアを入れ、ゆるやかに波打たせたようなスカートの総称	● ウエスト位置にタックがなく、スカートの途中にもタックやギャザーが入らず面で広がるタイプが良い	○ 広がりの少ないセミフレアよりも、しっかり広がりのあるものが似合う	● 腰の位置から大きく広がったラインで長さとボリューム感のあるものや、ウエストの位置にタックがあるものが良い
ギャザー	ウエストや腰まわりで布を縫い縮めて、クシュッとランダムなヒダを寄せたスカートの総称	× ウエスト部分にギャザーがあると身体が大きく見えるため避けたい	○ やわらかい素材のものが良い	○ ドレープやギャザーなど布が重なり合うものが得意
プリーツ	折り畳んだヒダを持つスカートの総称。ボックスプリーツ、アコーディオンプリーツなどがある	× ウエストから腰にかけての身体のラインを拾って、ヒダが広がりやすいので苦手	○ やわらかい素材のものが似合う	△ シワ加工されたワッシャータイプやランダムプリーツなどが良い
マーメイド	タイトスカートのようにフィットし、膝あたりで広がった人魚の尾びれのようなシルエット	× 太い太もも部分がタイトで強調され、細いレッグ（ふくらはぎ）部分がフレアで隠れてしまうので苦手	○ 細い太もも部分がタイトで強調されるので似合う	● タイトな部分とフレアな部分のメリハリが弱く、ゆるっとしたシルエットのものが良い
ティアード	フリルを重ねたり、段で切り替えたりしたデザイン。2段、3段切り替えなど種類が豊富	× 布が重なり合うと着太りの原因となるので避けたい	○ 段々に布を重ねた段スカートと呼ばれるタイプと、段ごとに切り替えたタイプがある。そのどちらも似合う	● 段々に布を重ねた段スカートではなく、段ごとに切り替えたタイプが良い

パンツ

似合う丈とシルエットを選ぶと垢抜けた印象に！

　骨格診断の観点から似合うパンツを選ぶときのポイントは、シルエット、ウエストラインと丈。似合うものを着用することで、腰まわりや脚をキレイに見せることができ、重心バランスが整います。パンツの丈は、特にトレンドが顕著に表れるアイテムのため、トレンドの範囲内で自分に似合う丈を選ぶと、垢抜けた印象になります。P75 のボトムス丈、P74 のパンツのウエストラインも確認しましょう。

		🙂 Straight	🙂 Wave	🙂 Natural
スリム	脚にぴったり張り付いたような細身のシルエット。さらに細身のものをスキニーと呼ぶ	× 太ももの前の部分に筋肉の張り出しがあるので、横ジワが入りやすく、そのため細くても太いような印象になる	○ 太ももの細さを強調するので似合う。ただし、腰の位置が低いので脚が短く見えないよう合わせるトップスや靴でバランスを取ると良い	× 細いもの、コンパクトなものは骨っぽさが強調されるので苦手
ストレート	スリムよりゆとりがあり、膝から裾にかけて真っ直ぐなラインが特徴。流行り廃りが少ない	○ 細すぎずゆるすぎないジャストシルエットが得意。ノータックでセンターラインが入っているものが良い	△ わずかに細身のものを選ぶか、またはやわらかい素材のものを選ぶほうが良い	○ スタンダードなものも似合う。リラックス感のある素材だとより似合う
テーパード	裾に向かうにつれてだんだん細くなるのが特徴。腰周りはゆったり、膝下はスッキリ	○ ウエスト部分がノータックまたはワンタック。センターラインがあるとより似合う	○ ウエスト部分がノータックまたはワンタック。腰や太もも膨らみがあまりないスッキリしたものが良い	○ なるべく腰から太ももの膨らみのあるゆったりとしたものが似合う

		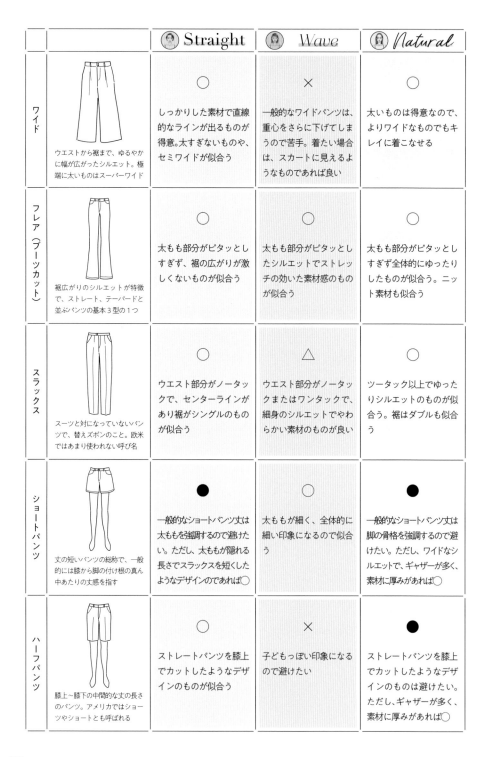 Straight	Wave	Natural
ワイド	ウエストから裾まで、ゆるやかに幅が広がったシルエット。極端に太いものはスーパーワイド	○ しっかりした素材で直線的なラインが出るものが得意。太すぎないものや、セミワイドが似合う	× 一般的なワイドパンツは、重心をさらに下げてしまうので苦手。着たい場合は、スカートに見えるようなものであれば良い	○ 太いものは得意なので、よりワイドなものでもキレイに着こなせる
フレア（ブーツカット）	裾広がりのシルエットが特徴で、ストレート、テーパードと並ぶパンツの基本3型の1つ	○ 太もも部分がピタッとしすぎず、裾の広がりが激しくないものが似合う	○ 太もも部分がピタッとしたシルエットでストレッチの効いた素材感のものが似合う	○ 太もも部分がピタッとしすぎず全体的にゆったりしたものが似合う。ニット素材も似合う
スラックス	スーツと対になっていないパンツで、替えズボンのこと。欧米ではあまり使われない呼び名	○ ウエスト部分がノータックで、センターラインがあり裾がシングルのものが似合う	△ ウエスト部分がノータックまたはワンタックで、細身のシルエットでやわらかい素材のものが良い	○ ツータック以上でゆったりシルエットのものが似合う。裾はダブルも似合う
ショートパンツ	丈の短いパンツの総称で、一般的には膝から脚の付け根の真ん中あたりの丈感を指す	● 一般的なショートパンツ丈は太ももを強調するので避けたい。ただし、太ももが隠れる長さでスラックスを短くしたようなデザインのであれば○	○ 太ももが細く、全体的に細い印象になるので似合う	● 一般的なショートパンツ丈は脚の骨格を強調するので避けたい。ただし、ワイドなシルエットで、ギャザーが多く、素材に厚みがあれば○
ハーフパンツ	膝上〜膝下の中間的な丈の長さのパンツ。アメリカではショーツやショートとも呼ばれる	○ ストレートパンツを膝上でカットしたようなデザインのものが似合う	× 子どもっぽい印象になるので避けたい	● ストレートパンツを膝上でカットしたようなデザインのものは避けたい。ただし、ギャザーが多く、素材に厚みがあれば○

		ⓢ Straight	ⓦ Wave	ⓝ Natural
ク ロ ッ プ ド パ ン ツ	裾丈を普通のものより短くカットしたパンツで、6～7分丈のものを指すことが多い	● 先細りのシルエットが特徴のテーパードタイプが良い	● 細身のシルエットで少し短めのものが似合う	● 裾幅が太めのものが良い。特にロールアップデザインがおすすめ
チ ノ パ ン	厚手の綾織コットン地で、アメリカ陸軍の制服に採用した丈夫なパンツが一般化したもの	○ コットンのハリ感が得意。シワのない素材のものを選ぶと良い	× コットンの硬さのある素材を使ったものは、ハードなアイテムの印象に負けてしまうので避けたい	○ 少しゆったりめのものや、硬い素材のもの、少しシワのある素材のものがより似合う
カ ー ゴ パ ン ツ	貨物船の乗組員が履いているような丈夫な作業用パンツ。脚の両脇にポケットがあるのが特徴	△ シワがあまりない素材でポケットや装飾が多くないものを選ぶと良い	× ハードな素材感の印象に負けてしまうので避けたい	○ シワのあるもの、ゆったりしたものが似合う
ジ ー ン ズ	コットン・デニムで作られ、全体にタブルステッチが入る。さまざまな形・種類がある	○ キレイめでノンストレッチが似合う。ハイライズではないデザインが良い。ローライズでもバランス良く着ることができる	× 定番の厚手綿のジーンズはハードな素材感に負けるので避けたい。着たい場合は、ストレッチが効いた薄手のものが良い	○ スキニー以外はほぼ似合う。ストレート、ワイド、色落ち、ダメージジーンズなども良い

ワンピース

布の面積が大きいアイテムだからこそ、素材選びが大事

　ワンピースという名の通り、トップスとスカートがひと続きになった衣服を指します。上下が別の布で縫い合わされていたとしても、全体がひと続きであればワンピースと定義されます。ここで紹介している、IラインからフィットアンドフレアまではシルエットＯそれ以降はワンピースのデザインについての解説になります。シルエットやデザインも重要ですが、忘れてはいけないのが素材。布の面積が多いので、その分素材の印象が強く出ます。似合う素材とシルエット、デザインのものを選ぶことで、スタイルアップして見せることができます。

		Straight	Wave	Natural
Iライン アルファベットのＩ字形のように、上半身も下半身もボリュームを抑えた細身のシルエット		○ メリハリのあるボディラインをＩラインが品良く引き立てるので似合う	○ カーヴィーなボディラインを強調するやわらかな素材やストレッチ素材のものが似合う	○ ゆったりしたサイズ感のＩラインが似合う
Aライン アルファベットのＡ字形のように、ワンピースに多用される裾広がりのシルエットの１つ		× 肩からのＡラインは肩から胸板の厚みのある部分だけを拾うので着太りして見える	○ 肩からのＡラインは肩から胸板の薄さだけを拾うので着痩せして見える	○ 丈の長いものを選ぶと良い
コクーンライン コクーンとは英語で繭（まゆ）のこと。繭のように身体全体を丸く包み込むようなシルエット		× 肩から始まるコクーンシルエットは肩と胸板の厚みだけを拾ってしまうので、身体のメリハリが活かせず着太りして見える	× 中途半端に身体が泳ぐシルエットはカーヴィーなボディラインを隠してしまうので避けたい	○ ゆったりと服の中で身体が泳ぐようなシルエットが得意。丈の長いものを選ぶと良い

		😊 Straight	😊 Wave	😊 Natural
テントライン	テントのように裾に向かって広がっていくシルエットのことで、Aラインより広がりが大きい	× デコルテの厚みだけ拾い、メリハリのあるボディを隠してしまうため着太りの原因になる	× 身体の平坦さが際立つため避けたい。着るならボディラインを拾うやわらかい素材のものが良い	○ フレームがしっかりしているのででばっさりとした服でも立体的に着こなせる
Xライン	トップスもボトムスもほどよくゆとりがあり、ウエストマークされたメリハリのあるシルエット	○ ハリのあるしっかりした素材のものが良い	△ 身体のメリハリがあまりないため、上下ともにゆったりしたものは苦手。ウエストマークがしっかりしたものを選ぶと良い	○ トップスもボトムスもゆとりやボリュームがあるほど似合う
フィットアンドフレア	トップスがボディラインにフィットするほどコンパクトで、スカートがフレアになったもの	△ 上半身部分が身体にフィットしすぎず、ほどよいゆとりのあるものが良い	○ 上半身部分はコンパクトに、スカート部分に十分な広がりのあるものが良い	△ 上半身部分が身体にフィットしすぎず、ほどよいゆとりのあるものが良い
シャツワンピース	シャツの着丈を長くしてワンピースにしたもので、前にボタンが付いていることが多い	○ ハリのあるパリッとした素材で、ウエストをマークするベルト等があるものが良い	× ハリのある素材やシャツが地味な印象になってしまうので避けたい	○ スカートが長めでゆったりとしたシルエットのものが似合う
Tシャツワンピース	Tシャツの着丈を長くしてワンピースにしたもの。丈はミニからロングまでさまざま	○ TシャツもIラインも得意。適度なシルエットがボディラインのメリハリを活かせる	× Tシャツが苦手かつ、シンプルなものは地味な印象に。着るならセミフレアになっていてネックラインが広めのものが良い	○ ストンとしたシルエットは得意。大きめのサイズやゆとりのあるシルエットはさらに似合う

		ⓦ Straight	ⓦ Wave	ⓝ Natural
ラップワンピース	身体に巻き付けるようにして、まとうワンピース。後ろから巻いて前で合わせる形が一般的	○ メリハリのあるボディをほどよく強調するのでとてもよく似合う	× 身体をより平坦に見せてしまうので避けたほうが良い	△ 丈が長く身頃に使う布の量が多いタイプを選ぶと良い
タンクワンピース	タンクトップワンピースの略で、トップス部分がタンクトップのような形状をしたもの	● Iラインで身体のラインを強調しすぎない程度のサイズ感のものが良い	● 身体にフィットするコンパクトなものが良い	● 身体のラインを拾わない、ゆったりとした大きめのものが良い
キャミソールワンピース	肩ひもで吊るし、肩を露出させるタイプのワンピース。インナーがアウター化したもの	× 肩や腕の厚みを強調するので避けたい	○ 肩や腕の薄さを強調するので着痩せして見えやすい。中に合わせるものはTシャツよりカットソーが良い	● 中にTシャツを合わせるなど重ね着をするタイプのものが似合う。光沢のないものが良い
サックワンピース	サック（袋）のように全体が寸胴シルエットのワンピース。ウエストをマークしないデザイン	× ストンとしたシルエットはメリハリのあるボディラインを隠してしまうので避けたい	● 丈が短いものを選び重心位置を高く見せると良い。ウエストラインをマークしたものが良い	○ ゆったりとしたシルエットが似合う。丈の長いものがより良い
ニットワンピース	ニット素材で作られたワンピースで、身体のラインを拾うデザインが多い	× ニットの性質上、ボディコンシャスになったり、ゆったりとしたシルエットになったりするため避けたい	● リブニットのものか、モヘヤなどふわふわしたニットのものが良い	● ローゲージニットでゆったりとした作りのラフなものが良い

コート・ブルゾン

アイテムによって着こなしの難易度が大きく変わる

　「コート」とはオーバーコートの略で、一般的に衣服の中で一番外側に着る、防寒、防風目的などで着用する屋外専用のアイテムです。ブルゾンは本来フランスで呼ばれるところの上っ張りや仕事着を指すジャンパーのことですが、日本ではファッショナブルな雰囲気のショートジャケット全般を指すのが一般的です。

　コートやブルゾンも面積が広いアイテムなので、素材や素材感がポイントです。硬い生地のものが多いので、特にウェーブタイプは、なるべくソフトな素材感のものを選ぶようにしましょう。

		Straight	Wave	Natural
トレンチコート	ダブルブレストでベルト付き、背中のケープ状の当て布など複雑なディテールデザインが特徴	◯ オーソドックスなトレンチコートが似合う	△ 硬い素材の印象に負けてしまうので、オーソドックスなものは避けたい。着たい場合は、短めの丈や薄手素材のものを選ぶ	◯ 少し長めの丈で生地が硬めのものが似合う
チェスターフィールドコート	ウエストをほどよく絞ったスリムなシルエットが特徴のフォーマルウェアコートの代表格	◯ Vゾーンが深いものが似合う。ウールなど高級感のある素材感のものが良い	× Vゾーンが深く硬さがあり直線的なラインが苦手なので避けたい	◯ ゆったりとしたシルエットで長めの丈のものが良い
プリンセスコート	縦の切り替え線で上半身にフィットさせ、スカート部分にフレアを入れたコートの総称	× 胸元がコンパクトでハイウエストなタイプが多いので着太りして見える	◯ 胸元がコンパクトでハイウエストなタイプが多いので着痩せして見える	× かっちりと作り込んだタイプのアイテムは、上半身が詰まって見えるため苦手

		🔘 Straight	🔘 Wave	🔘 Natural
ラップコート	ボタンを使わず、共地のベルトで巻いて着用するコート。多くはダブルブレスト型	● Vゾーンが深くシンプルなデザインのものが良い	● Vゾーンが深すぎず、シルエットがタイトすぎないものが良い	● ゆったりとしたシルエットで長めの丈のものが良い
レザーコート（表革）	天然あるいは合成の皮革で作られたコートの総称で、防寒・防風効果にすぐれている	○ ラムレザーなどなめらかで高級感のあるものが似合う	× レザーの強さに負けるので避けたい	○ 光沢が強くない、厚さと硬さのある革が似合う
毛皮（ロング丈）※	ファーで作られた防寒用のウォームコートで、ヒップを覆うよりも長いものを指す	● ゴージャス感と迫力が出ても問題なければ○	● 丈が長すぎるとコートに負けてしまうので、ふくらはぎくらいの丈が良い	● 迫力が出やすいが、スタイリッシュな印象にしたい場合はおすすめ
毛皮（ショート丈）	ファーで作られた防寒用のウォームコートで、ヒップを軽く覆うくらいの長さまでのもの	× 重心が上がりすぎるとバランスを崩すのでショート丈のコートが苦手	○ 重心が低いのでショート丈のコートはバランスが良い	× 短いアイテムは、身体が大きく見えてしまうので苦手
ムートンコート	毛皮の裏側を表地にできるようスエード仕上げを施した、羊の毛皮を使ったコート	× 一般的なムートンコートに使われる分厚い生地は着太りして見えるので苦手	× 一般的なムートンコートに使われる分厚い生地に負けてしまうので苦手。薄手でソフトなムートンであれば似合うものもある	○ 一般的なムートンコートに使われる分厚い生地が得意

※似合うかどうかは、年齢、身長、個人の雰囲気により大きく左右される

		Straight	Wave	Natural
ダウンコート	鳥の羽毛を詰めてキルティング加工を施したコート。元々は極寒地の作業服・防寒服	● 光沢が抑えられた生地で、キルティングが細かすぎないものが良い	● 身頃が細くウエストの高い位置に絞りがあるもの、またはショート丈のものが良い	● 光沢のない生地で、キルティングは大きいものが良い。身頃がゆったりめで丈も長めが良い
ダッフルコート	厚手のウール地コートで、フードとトグルと呼ばれる長細いボタンが付いた前合わせが特徴	△ 大きすぎず、コンパクトすぎないシンプルなものが良い	× 一般的なダッフルコートに使われる分厚く硬い生地が馴染まないので苦手	○ 丈が長めで大きめのものを選ぶと良い
Pコート	大きめの衿、あしらったボタンなどが特徴のダブルブレスト型のショートコート	△ ジャケットが大きくなったようなシンプルなものが良い	△ 身頃がタイトで丈が短く腰丈〜腿丈くらいのものであれば可	○ 大きめのものを選ぶと良い
モッズコート	フード付き、ひもを引いて調節できるウエスト、ファスナーとスナップの併用などが特徴	× 一般的なモッズコートに使われるシワ感のある素材やゆったりしたシルエットが苦手なので避けたい	× 一般的なモッズコートに使われるシワ感のある硬い素材や大きなシルエットが苦手なので避けたい	○ 一般的なモッズコートに使われるシワ感のある硬い素材や大きなシルエットが似合う
ノーカラーコート	衿のないコートの総称。Vネックのものとラウンドネックのものが一般的	○ 深いVネックでシンプルなものが良い	△ デコルテエリアがシンプルだと、地味な印象になるためマフラーなどで足し算をして着ると良い	○ ゆったりとしたシルエットのものが良い

		🔵 Straight	🔵 Wave	🔵 Natural
ポンチョ	本来は布の中央に穴を開けて首を通して着るアウターを指すが、羽織るタイプのものもある	✕ 身体の厚みのある部分だけを拾ってしまうので、着太りして見える	● 長すぎないものが良い	◯ 長く大きなものが似合う
ライダースジャケット	機能的なデザインの革製ショートジャケット。ダブルブレストでジッパー使いが代表的	◯ スタンダードな表革のライダースジャケットが似合う	✕ 表革のライダースジャケットは服の存在感に負けてしまうので避けたい	◯ 表革のほか、スエード素材や硬い革のものも似合う
デニムジャケット	デニム地で作られたウエスト丈のジャケット。独特のステッチやリベットボタンが特徴	◯ オーソドックスな丈のものが似合う	✕ 硬いデニム生地が苦手なので避けたい	◯ オーソドックスなもののほか、大きいシルエットのものも似合う
マウンテンパーカー	元々アウトドア用として作られた、防風性と防水性が高い機能的なジャケット	◯ ハリのあるキレイな素材感のものが良い	△ 地味な印象になるため苦手	◯ 大きめシルエットのものが得意
MA-1	左右のフラップポケットが特徴。元々パイロット用に作られたため機能性が高い	◯ 光沢が控えめでハリのある素材感のものが良い	△ 光沢があるやわらかい素材で、ファスナーなどの部分がアクセントになっているものが良い	◯ 大きめのシルエットのものが良い

装飾具の素材

似合う素材とサイズで上品さを演出できる

　「装飾具」とは、ネックレスやピアスなどいわゆる「アクセサリー」のことを指します。ここでは、装飾具に使われる宝石や貴金属などの素材について解説します。素材と同様に大切なのがサイズ感です。さらに、ダイヤモンドを始めとする宝石（ジュエリー）と、ほかの素材が使われているアクセサリーを同じサイズ感で選ばないのが大切です。例えば、ナチュラルタイプは基本的に「大きめのものが似合う」タイプですが、そのサイズ感が、本物の宝石の場合は小さくなります。一般的なサイズよりも少し大きめなら似合うと捉えましょう。

		Straight	Wave	Natural
本貴石	5大宝石と呼ばれる、ダイヤモンド、サファイア、パール、ルビー、エメラルドを指す	○ 似合う	○ 似合う	○ 似合う
半貴石	本貴石以外の全ての宝石類を指す。半貴石の中でも透明度のあるもの、ないものに分かれる	○ 半貴石も似合うが、存在感のある本貴石のほうが、より似合う	○ 似合う	○ 似合う。ターコイズなど透明度のない半貴石が3タイプの中で最も似合う
真珠	アヤコ貝などの分泌物から形成される7色の光沢を持った天然産物	● 8mm以上の大きめのものが良い。形はラウンド、オーバル、ドロップなど	● 8mm以下の小さめのものが良い。形はラウンド、オーバル、ドロップなど。淡水パール、コットンパールもおすすめ	● 小さすぎないバロックパールが良い

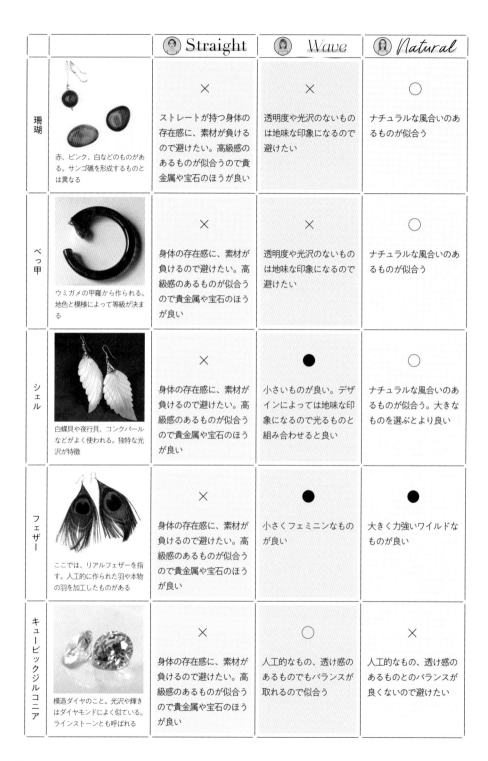

		ⓢ Straight	ⓦ Wave	ⓝ Natural
珊瑚	赤、ピンク、白などのものがある。サンゴ礁を形成するものとは異なる	× ストレートが持つ身体の存在感に、素材が負けるので避けたい。高級感のあるものが似合うので貴金属や宝石のほうが良い	× 透明度や光沢のないものは地味な印象になるので避けたい	○ ナチュラルな風合いのあるものが似合う
べっ甲	ウミガメの甲羅から作られる。地色と模様によって等級が決まる	× 身体の存在感に、素材が負けるので避けたい。高級感のあるものが似合うので貴金属や宝石のほうが良い	× 透明度や光沢のないものは地味な印象になるので避けたい	○ ナチュラルな風合いのあるものが似合う
シェル	白蝶貝や夜行貝、コンクパールなどがよく使われる。独特な光沢が特徴	× 身体の存在感に、素材が負けるので避けたい。高級感のあるものが似合うので貴金属や宝石のほうが良い	● 小さいものが良い。デザインによっては地味な印象になるので光るものと組み合わせると良い	○ ナチュラルな風合いのあるものが似合う。大きなものを選ぶとより良い
フェザー	ここでは、リアルフェザーを指す。人工的に作られた羽や本物の羽を加工したものがある	× 身体の存在感に、素材が負けるので避けたい。高級感のあるものが似合うので貴金属や宝石のほうが良い	● 小さくフェミニンなものが良い	● 大きく力強いワイルドなものが良い
キュービックジルコニア	模造ダイヤのこと。光沢や輝きはダイヤモンドによく似ている。ラインストーンとも呼ばれる	× 身体の存在感に、素材が負けるので避けたい。高級感のあるものが似合うので貴金属や宝石のほうが良い	○ 人工的なもの、透け感のあるものでもバランスが取れるので似合う	× 人工的なもの、透け感のあるものとのバランスが良くないので避けたい

		ⓢ Straight	ⓦ Wave	ⓝ Natural
クリスタル（ガラス）	光の屈折率が高く、美しい輝きを持つ。現在では、透明度の高い高級なガラスの総称でもある	× 身体の存在感に、素材が負けるので避けたい。高級感のあるものが似合うので貴金属や宝石のほうが良い	○ 人工的なもの、透け感のあるものでもバランスが取れるので似合う	× 人工的なもの、透け感のあるものとのバランスが良くないので避けたい
金	美しい黄金色の貴金属の一種。一般的に日本では18金が装飾品に使われている	○ ツヤのあるものが得意。色についてはパーソナルカラーを参考に選ぶと良い	○ ツヤのあるものが得意。色についてはパーソナルカラーを参考に選ぶと良い	○ ツヤのないものが得意。色についてはパーソナルカラーを参考に選ぶと良い
銀	銀白色の貴金属の一種。装飾品は、一般に5％銅を混ぜて使用される	○ シルバーの存在感とバランスが取れるので似合う。色についてはパーソナルカラーを参考に選ぶと良い	× シルバーの強い存在感とのバランスが良くないので避けたい。ホワイトゴールドに見えるように白く磨いて使えば○	○ シルバーの存在感とバランスが取れるので似合う。色についてはパーソナルカラーを参考に選ぶと良い
プラチナ	灰銀白色の貴金属。装飾品用は、ほかの金属と混ぜ合わせて加工しやすいようになっている	○ 骨格タイプ問わず似合う。色についてはパーソナルカラーを参考に選ぶと良い	○ 骨格タイプ問わず似合う。色についてはパーソナルカラーを参考に選ぶと良い	○ 骨格タイプ問わず似合う。色についてはパーソナルカラーを参考に選ぶと良い
銅	本来は、ピンクゴールドに近い色をした貴金属。金などに比べて素材そのものがやわらかい	△ 金属の一種なので×ではないが、ほかの金属と比べ素材の良さが活かされにくい。金や銀、プラチナのほうがより良い	× 銅の荒削りな存在感との相性が良くないので避けたい	○ 風合いのある存在感との相性が良い

		ⓐ Straight	ⓐ Wave	ⓐ Natural
革製	 動物の皮から作られているもの。軽く、丈夫で長持ちしやすいのが特徴	○ ダメージのないキレイな表革が似合う	× 革のアクセサリーは地味な印象になるので避けたい	○ キレイな表革のほか、ダメージのあるものや切りっぱなしのようなものも似合う
木製	 さまざまな木材から作られるもの。モダンアートのようなものなど、豊富なデザインがある	× 身体の存在感に、素材が負けるので避けたい。高級感のあるものが似合うので貴金属や宝石のほうが良い	× 光沢や輝きのないアクセサリーは地味な印象になりがちなので避けたい	○ ナチュラルな風合いのあるものが似合う。大きいものを選ぶと良い
合成樹脂（プラスチック）	 石油を原料として人工的に合成されたもの。装飾品で使われる樹脂は多種多様	× 身体の存在感に、素材が負けるので避けたい。高級感のあるものが似合うので貴金属や宝石のほうが良い	● プラスチックのような軽めの素材が似合う。透明度の高いものを選ぶと良い	● 大きさと存在感のあるものを選ぶと良い
ビーズアクセサリー	 穴の開いた小さな玉状のものをつなげて、ネックレスやブレスレットなどにしたもの	× 身体の存在感に、素材が負けるので避けたい	● ビーズのような軽めの素材が似合う。透明度の高いものを選ぶと良い	● 大きさと存在感のあるものを選ぶと良い

装飾具

ネックレスは大きく5つの長さに分けられる

　最初に覚えておきたいのが、大きく5つに分けられるネックレスの長さとその特徴。ただし、実際には、**長さだけでなく素材や太さも似合うアイテムを見つけるときの大事なポイント**になります。そのほかの装飾具も幅や大きさ、素材などを考慮して似合うものを選びましょう。

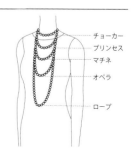

チョーカー
プリンセス
マチネ
オペラ
ロープ

		🙂 Straight	🙂 Wave	🙂 Natural
チョーカー	首を締める、を意味するチョークが由来。その名の通り、首にぴったりと巻き付けるもの	△ 首が短く見えてしまう。革や金属、パールなど高級感を損なわない素材のものが良い	○ 長い首にアクセントとなるので似合う	△ 窮屈な印象になりやすいので、太さと存在感のあるものを選ぶと良い
プリンセス	一般的にネックレスと呼ばれる基準のサイズ。長さは約40〜45cm	○ 一連で高級感のあるものを選ぶと良い	○ 一連・二連ともに似合う	△ 短いものは窮屈な印象になりやすく、あまり得意ではないので避けたい
マチネ	ネックレスのトップ部分が胸元付近まであるもの。長さは約50〜60cm	○ デコルテエリアがスッキリとして、重心が上がりすぎないようにバランスを取ってくれるので似合う	○ マチネの中でも短めのものが似合う。または二連にすると良い	○ マチネの中でも長めのものを選ぶとより似合う

		😊 Straight	😊 Wave	😊 Natural
オペラ	胸下付近までの長さがある。ここからロングネックレスと分類される。長さは約70〜80cm	○ デコルテエリアがスッキリとして重心が上がりすぎないようバランスを取ってくれるので似合う	○ オペラの中でも短めのものが似合う。または二連にすると良い	○ 長いものが得意なので似合う
ロープ	ネックレスの中で一番長く、長さが約100cm以上のもの。二重に巻くなどアレンジも可	○ デコルテエリアがスッキリとして、重心が上がりすぎないようにバランスを取ってくれるので似合う	△ デコルテエリアが寂しくならないよう、オペラやマチネを重ね付けすると良い	○ 長いものが得意なので似合う
ペンダント	チェーンや革などのネックレスの先に、宝石やチャームなどの装飾品を垂れ下げたもの	○ コイン、リング、馬蹄、ナンバー、イニシャル、クロス、宝石など、オーソドックスでクラス感のあるチャームのものが良い	● フラワーやハートなど曲線的なチャームのものが良い。宝石も○。大きすぎるものは避けたほうが良い	● チャームのデザインは問わないが、大きめで存在感のあるものが良い。チェーンのほか、革紐も似合う
イヤリング・ピアス（スタッドタイプ）	耳たぶにフィットする形状。ピアスの場合は真っ直ぐなポストをキャッチで固定するタイプ	● 大きめでぶら下がらないものが良い	● 華奢なデザインのものが良い	△ 窮屈な印象になりやすいので、ドロップタイプやフープタイプなどの長さのあるもののほうがいい
イヤリング・ピアス（ドロップタイプ）	文字通り「垂れ下がる」形状のチャームが付いたもの。身体の動きに合わせて揺れ動くのが特徴	△ 首が短いかつバストの位置が高いため、デコルテエリアがスッキリする、ぶら下がらないもののほうが良い	● 細いものや華奢なもので長さのあるものが良い	● 長いものや大きいものなど存在感のあるものが良い

		⊙ Straight	⊙ Wave	⊙ Natural
イヤリング・ピアス（フープタイプ）	フープとは「輪」の意味。金属製などの大きな輪を、耳たぶに通しているように見えるデザイン	● 幅が太くて直径が小さいものが良い	● 幅が細いものが良い	● 直径が大きいものが似合う。太くても細くても良い
ブレスレット	手首や腕につけるアクセサリーの総称。素材は金属、皮革、布、プラスチックまで幅広い	● 細すぎないものが良い。テニスブレスレット（一周全てにダイヤモンドが施されたもの）は特に似合う	● 細いものが良い。華やかにしたい場合は細いものを重ね付けすると良い	● 太く大きいもの、存在感のあるものが良い
バングル	ブレスレットの中でも留め金のない完全な環状のもの。木や皮革、プラスチック製など	● 太すぎず細すぎずオーソドックスで高級感のあるものが良い	× バングルの硬さが馴染まないので苦手	● 太いものが似合う。革製品や木製品も良い
指輪	一般に手（または足）の指にはめる円状のアクセサリー。素材やデザインが豊富	● シンプルでオーソドックスなもの、またはクラシックな王道デザインで豪華なものも似合う	● シンプルすぎないものが似合う。リング部分が華奢であれば、豪華なアクセントが付いたものも似合う	● 太さと厚みがあるものが似合う。大きい宝石が付いたものも似合う
コサージュ	衣服に付ける花飾りでコサージとも呼ぶ。素材は生花や紙・布製の造花、リボン、チュールなど	× 着太りして見えるので、デコルテエリアに立体的な足し算は避けたい	● シフォンなどのやわらかな素材で作られたものが良い。大きさは身長とのバランスを考慮する	● レザーや麻素材のものが良い

		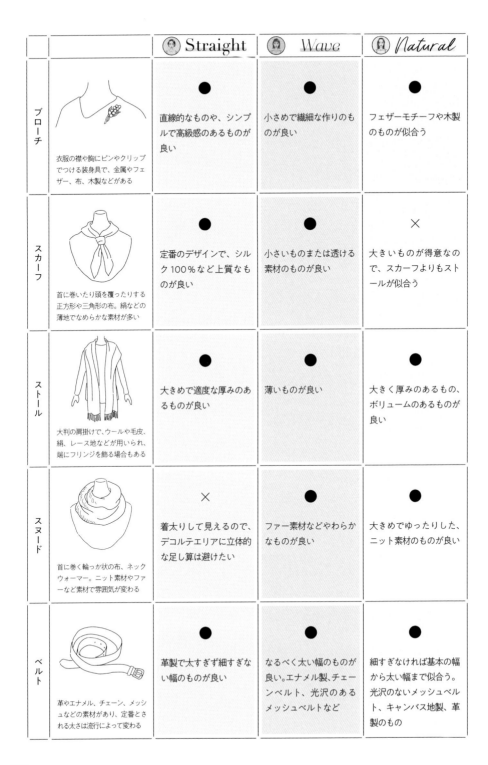 Straight	Wave	Natural
ブローチ	衣服の襟や胸にピンやクリップでつける装身具で、金属やフェザー、布、木製などがある	● 直線的なものや、シンプルで高級感のあるものが良い	● 小さめで繊細な作りのものが良い	● フェザーモチーフや木製のものが似合う
スカーフ	首に巻いたり頭を覆ったりする正方形や三角形の布。絹などの薄地でなめらかな素材が多い	● 定番のデザインで、シルク100％など上質なものが良い	● 小さいものまたは透ける素材のものが良い	× 大きいものが得意なので、スカーフよりもストールが似合う
ストール	大判の肩掛けで、ウールや毛皮、絹、レース地などが用いられ、端にフリンジを飾る場合もある	● 大きめで適度な厚みのあるものが良い	● 薄いものが良い	● 大きく厚みのあるもの、ボリュームのあるものが良い
スヌード	首に巻く輪っか状の布、ネックウォーマー。ニット素材やファーなど素材で雰囲気が変わる	× 着太りして見えるので、デコルテエリアに立体的な足し算は避けたい	● ファー素材などやわらかなものが良い	● 大きめでゆったりした、ニット素材のものが良い
ベルト	革やエナメル、チェーン、メッシュなどの素材があり、定番とされる太さは流行によって変わる	● 革製で太すぎず細すぎない幅のものが良い	● なるべく太い幅のものが良い。エナメル製、チェーンベルト、光沢のあるメッシュベルトなど	● 細すぎなければ基本の幅から太い幅まで似合う。光沢のないメッシュベルト、キャンバス地製、革製のもの

		😊 Straight	Wave	😊 Natural
キャップ	頭部にぴったりはまる縁なしの帽子の総称。ツバが付いた野球帽なども含まれる	○ 頭の形に奥行きがあるので似合う。特に似合うアイテムの1つ	△ 頭の形に奥行きがないのでバランスが取りにくい	○ 骨格による立体感があるため似合う。ツバが大きめのタイプが特に似合う
中折れ帽	帽子の頭頂部（クラウン）の中央を縦に折り込んだもの。ソフト帽と呼ばれることもある	○ しっかりした素材感やクラシカルなデザインが似合う	△ 硬い素材感が苦手なので避けたい	○ しっかり厚みのある素材感のものが特に似合う
スラウチハット（女優帽）	スラウチは帽子を目深にかぶるという意味。ツバが幅広く、垂れているのでソフトな印象に	● ツバにウェーブがなく小さめのものを選ぶと良い	○ 足し算になるので似合う。頭の部分が四角すぎないものが良い	○ リボンなどの装飾が大きいほうが似合う
ベレー帽	頂点につまみが付き、フチがなく平たいデザインが特徴。ウールやフェルト素材のものが多い	○ 髪をまとめて顔をスッキリと出すスタイルが似合う	△ 頭の形に奥行きがないのでバランスが取りにくい	○ ボリュームのあるタイプが良い
ニット帽	毛糸でできた帽子の総称。編み方やデザイン、色が豊富なのが特徴	● 表面がフラットなハイゲージのものが良い	△ 頭の形に奥行きがないのでバランスが取りにくい	○ ざっくり編まれたボリュームのあるタイプも似合う

時計

フェイスの形とサイズ、ベルトの種類を見極めて

　骨格診断における時計選びのポイントは、ベルトの素材や太さ・厚み、フェイスの形状や大きさ・厚み、時計そのものが持つ雰囲気などを考慮しましょう。

　時計を選ぶときの第一の判断基準が形とサイズです。時計は一般的に、円形・長方形・正方形・楕円形の4つの形に分類されます。サイズは小さめ・標準・大きめの3つに分けて考えるといいでしょう。

円形 　長方形 　正方形 　楕円形

	Straight	Wave	Natural
フェイスの形	円形／長方形 スタンダードな形が似合う	円形／正方形／楕円形 曲線的なフラワーやハートなどを模した形も似合う	円形／長方形 スタンダードな形が似合う。大きめで厚めなものが得意
フェイスの大きさ	標準 小さいものも大きいものも避けたほうが良い。スタンダードなサイズ感が良い	標準／小さめ 面積が大きめの場合は厚みのないものにすると良い	標準／大きめ スタンダードなサイズ感や、大きさと厚みのあるものも似合う
フェイスの厚み	標準／厚い スタンダードな厚みのもの、厚みがあるフェイスも似合う	薄い／標準 薄いものから標準の厚みのものまでが似合う	標準／厚い スタンダードな厚みから厚みがあるものまでが似合う。個性的なくらい厚みが出るものをつけてもおしゃれに見える

	ⓢ Straight	ⓦ Wave	ⓝ Natural
革ベルト	○ 革素材が似合う。オーソドックスな表革のほか、クロコダイルの型押しなども良い	△ 光沢のある幅が細めの革が良い	○ 革素材が似合う。厚さと硬さのあるタイプも良い
ステンレスベルト	○ オーソドックスなものが似合う	○ オーソドックスなもののほか、ブレスレットウォッチタイプも似合う	△ 厚みのあるものが良い
ダイバーズウォッチ	○ 大きすぎないものが似合う	× 時計の大きさに負けてしまうので避けたい	○ 大きめのものが似合う
スマートウォッチ	○ オーソドックスなものが似合う。ステンレスや革のベルトに付け替えても似合う	△ 地味な印象になりやすいので、色や素材が華やかなベルトを選ぶといった工夫が必要	○ 大きめのものが似合う。オーソドックスな革のベルトに付け替えても似合う

バッグ・靴・ベルトなどの素材

小物は素材のツヤや質感、模様をチェック

　小物に使われるおもな素材は革。牛・馬・豚・羊・山羊などの一般革と爬虫類・鳥類・魚類などのエキゾチックレザーに大きく分けられます。近年は動物愛護や環境問題の観点から、本物の革を使ったアイテムは減少中。骨格診断においては、**本物の革だけでなく、似せて作られた素材も同様に考えています**。例えば、パイソンの革は、パイソン調のものと捉えて OK です。そのほか、小物に使われるキャンバス地、ナイロンなどの素材も含め、それぞれが持つツヤ感や質感、模様などから似合うものを判断すると良いでしょう。

		Straight	Wave	Natural
革全般	革素材はどの骨格でも取り入れられるが、素材の持つ印象や質感によるので見極めを	● ハリ感があり高級感のあるものが似合う。小物類であれば型押し革もおすすめ	● ラムスキンのようなやわらかい革が良い。キルティング加工のものなどを選ぶとなお良い	● 革そのものの風合いを活かしたものや、長く使い込んだような風合いがあるものなど、素朴な質感のものが良い
スエード調	革の裏面をサンドペーパーで削り取り、ビロードのような質感に仕上げたもの	△ 表革のほうが似合う	○ 表革よりスエードが似合う	○ 表革もスエードも似合う
ハラコ調	死産してしまった仔牛や胎児の皮を再利用したもの。短い毛で覆われたなめらかな質感	× 毛足による表面の凹凸が苦手	○ やわらかな毛足のものが似合う	○ やわらかな毛足のものや、硬い毛足のものも似合う

		ⓢ Straight	ⓦ Wave	ⓝ Natural
エナメル調	レザーや布などにコーティング処理をしてツルンとした光沢を出すこと。またはその素材	× アクセサリー以外、光るものは着太りして見えるので避けたい	○ 光沢のあるものが得意	× アクセサリー以外は光るものが苦手。ナチュラルなものが良いので避けたい
キルティング	2枚の革の間に羽毛や毛糸、綿などを挟み、上から縫い合わせる手法、またはその素材	× 丸く立体的な質感が、丸みを帯びた身体のラインを強調するので苦手	○ 丸く立体的な質感が、ソフトな身体の質感と相性がよく似合う	× 丸く立体的な質感が、身体のスタイリッシュなフレーム感とアンバランスになりやすいので避けたい
パイソン調	大蛇類の革の総称でやわらかく繊細なうろこが特徴。小さなヘビ類の革はスネークと呼ばれる	× 迫力が出すぎる。また、細かく曲線的な柄が苦手なので避けたい	○ パイソンの細かい柄もやわらかい革の質感も得意	○ パイソンの細かい柄も素材そのものも得意
クロコダイル調	ワニ革の中でも高級皮革とされるワニ目クロコダイル科の革。野性味ある模様と光沢が特徴	○ 適度な硬さのある革の質感が得意	× 硬い革の質感がソフトな身体の質感には強すぎるので避けたい	○ 適度な硬さのある革の質感が得意
オーストリッチ調	ダチョウの革で、羽を抜いたときにできる独自の突起模様と、やわらかな手触りが特徴	△ ゴツゴツしすぎないタイプであれば良い	× 硬く荒削りな質感がソフトな身体の質感には強すぎるので避けたい	○ 風合いがあり強い存在感のある質感が身体のフレーム感とバランスが取れるので似合う

		ⓈStraight	ⓌWave	ⓃNatural
ラムスキン調	 生後1年未満の羊の革。なめらかでやわらかい。生後1年以上の羊の革はシープスキンと呼ぶ	○ どの骨格タイプにも似合う。光沢が強すぎないものを選ぶと良い	○ どの骨格タイプにも似合う。よりソフトなものを選ぶと良い	○ どの骨格タイプにも似合う。光沢が強すぎないものを選ぶと良い
リザード調	 トカゲ類の革でクロコダイルと並ぶエキゾチックレザーの代表。細かく粒の揃った鱗模様が特徴	○ 適度な硬さのある革の質感が得意	△ 光沢のあるものであれば可	○ 適度な硬さのある革の質感が得意
キャンバス	 太い糸を密に折った丈夫な厚手の布。スニーカーやバッグといった小物に使われることが多い	△ デザインによるが、なるべく表面がフラットなものを選ぶ	△ デザインによるが、なるべくソフトなものを選ぶ	○ キャンバス地のものは似合う
ナイロン	 合成繊維の一種。合成繊維の中でも最も歴史が古く、摩擦強度、染色性が高いのが特徴	△ 身体の存在感に素材が負けやすい。高級感のある素材のほうが似合う	● ツヤがあり、硬すぎないものを選ぶと良い	△ 人工的な素材より、ナチュラルな素材感のものが似合う
ビニール	 合成樹脂の一種。軽い、耐水性が高い、汚れにくい、型崩れしにくいといった特徴がある	× 身体の存在感に素材が負けやすいので苦手	○ 軽い素材が似合う	△ 人工的な素材より、ナチュラルな素材感のものが似合う

バッグ

大きさ×マチ×ショルダーで似合うバッグを見つける

　バッグは、ほとんどの人が毎日持ち歩くという実用性に加え、コーディネートのアクセントになるアイテムなので、似合うポイントを押さえたものを選べると、おしゃれ度がグッとあがります。形やディテールのデザインのほか、バッグそのものの大きさ、マチの有無、ショルダーの長短によって、骨格別に得意・不得意があります。

　バッグの素材によっても似合うものが変わるので、P100 を参考にしながら総合的に判断するといいでしょう。

	ⓢ Straight	ⓦ Wave	ⓝ Natural
大きさ	**標準〜大きめ** 形がしっかりしていて自立できるものが似合う	**小さめ** 大きさがある場合は自立できないソフトなもののほうが良い	**大きめ** なるべく大きいものが良い。自立できないラフなものが似合う
マチ	**厚め** ほどよい厚みのあるものが似合う。バニティタイプ（化粧品をしまうバックでそのまま手で持ち歩けるようなもの）のような幅が大きすぎるものは避けたい	**薄め** マチは薄めが良い。ただし、バニティタイプは似合う	**厚め／マチなし** しっかり厚みがあるものか、または袋状などでマチがないものも似合う
ショルダー	**標準** ショルダーの長さはトレンドで変わるので、そのときのトレンドの長さの範囲内で少し標準に近づけると良い	**短め** ショルダーの長さはトレンドで変わるので、そのときのトレンドの長さの範囲内で少し短めを選ぶと良い	**長め** ショルダーの長さはトレンドで変わるので、そのときのトレンドの長さの範囲内で少し長めを選ぶと良い

		ⓢ Straight	ⓦ Wave	ⓝ Natural
クラッチバッグ	手で抱えたり、つかんだりして持つ、持ち手なしのバッグの総称。薄型で横型のものが多い	● 定番のもの、フォーマルなものが良い。大きすぎず小さすぎないものを選ぶと良い	● 小さめのもの、薄いもの、光沢のあるものが良い。ビーズやスパンコールも似合う	● 大きめのものが良い。形がカチッとしていないタイプも似合う
ポシェット	たすき掛けにしたり、首から下げたり、ベルトに付けたりする小型のバッグ。ポーチとも呼ぶ	● 角型でマチがある箱型のものが良い	○ 小さめのサイズが得意。アクセサリー感覚でつけても良い	× 持つのであれば小さすぎないタイプを選ぶ
ケリーバッグ	かぶせの蓋と台形が特徴。元々はエルメス社の製品だが、ハンドバッグの基本型として人気	○ 似合うバッグの代表的なものの1つ。サイズはケリー 25〜32 が良い。グレース・ケリーはストレートタイプ	● 小さめのサイズを選ぶと良い。サイズはケリー 25 が良い	● 大きめのサイズを選ぶと良い。サイズはケリー 28〜35 が良い
バーキンバッグ	ケリーと並ぶエルメス社のアイコン的バッグ。広い開口部と、内部に仕切りのない収納力が特徴	○ パリッとハリのある素材感のものを選ぶと良い。サイズはバーキン 30、35 が良い	△ 光沢のあるものを選ぶと良い。サイズはバーキン 25、30 が良い	○ 似合うバッグの代表的なものの1つ。サイズはバーキン 35、40 が良い。ジェーン・バーキンはナチュラルタイプ
ボストンバッグ	日本独自の名称で、2本の持ち手と長方形の底、ほどよく膨らんだ手提げバッグ	○ しっかりした革製のものが良い	× 地味な印象になりがちなので避けたい	○ 大きめのサイズを選ぶと良い

	🄐 Straight	🅦 Wave	🄝 Natural
トートバッグ 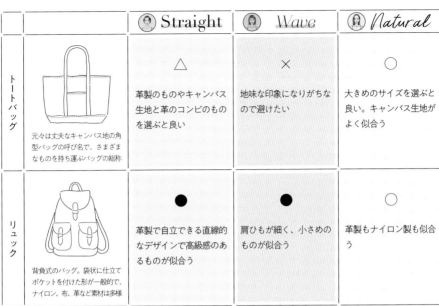元々は丈夫なキャンバス地の角型バッグの呼び名で、さまざまなものを持ち運ぶバッグの総称	△ 革製のものやキャンバス生地と革のコンビのものを選ぶと良い	× 地味な印象になりがちなので避けたい	○ 大きめのサイズを選ぶと良い。キャンバス生地がよく似合う
リュック 背負式のバッグ。袋状に仕立てポケットを付けた形が一般的で、ナイロン、布、革など素材は多様	● 革製で自立できる直線的なデザインで高級感のあるものが似合う	● 肩ひもが細く、小さめのものが似合う	○ 革製もナイロン製も似合う

通勤時におすすめのバッグはこれ！

Straight

ストレートタイプなら、大きめでマチが厚く、かっちりした自立できるようなバッグを選びましょう。上品に見える表革素材のものがおすすめです。

Cafuné

Wave

ウェーブタイプは、本来、丸くて小さめのバッグが似合いますが、なかなか通勤用には向かないものが多いでしょう。角がない丸みのあるデザインのもので、やわらかいハラコ調や光沢のある素材にすると似合うものが見つかるはずです。

VIOLAd'ORO

Natural

ナチュラルタイプは、大きめの革バッグや、トートバッグがおすすめです。シワがあるようなレザーのボストンタイプなども似合います。マチなしでクタッとするようなものを選ぶと良いです。

marmors

105

靴

コーディネートを決める最後のファッションアイテム

　靴の素材は革や布、ゴム、合成皮革などさまざまで、履き口の深さによって、くるぶしより浅い「短靴」、パンプスのように極めて浅い「浅靴」、くるぶしより上にある「深靴」の3タイプに分かれます。英語では、短靴と浅靴をシューズと総称し、深靴をブーツと呼びます。

　靴の種類ごとの印象や、**ヒールの太さ**、**ストラップの太さ**、足の甲や脚全体を覆う面積などによって、骨格別に得意なもの・不得意なものが決まります。似合う靴を履くことで、自分に最も似合うコーディネートが完成します。

	Ⓟ Straight	Ⓟ Wave	Ⓟ Natural
ヒールの太さ	細〜太 ピンヒールから太いヒールまで似合う。ただし、変わった形のヒールは苦手	細〜中 ピンヒールから一般的な太さのヒールまで似合う。太いヒールは苦手	細〜太 ピンヒールから太いヒールまで似合う。チャンキーヒール（太く、どっしりとしたヒール）や、変わった形のヒールも似合う
ヒールのつま先の形	ポインテッド／スクエア／アーモンド ラウンドは足がより小さく見えるため避けたい	ポインテッド／スクエア／ラウンド／アーモンド つま先の形問わず似合う	ポインテッド／スクエア／ラウンド／アーモンド つま先の形問わず似合う
ストラップ	● 細すぎないストラップが良い	○ 細めのストラップが似合う	● 太めのストラップが良い

		👤 Straight	👤 Wave	👤 Natural
パンプス	足の甲を露出させたスリッポン型の浅靴の総称。ローヒールからハイヒールまである	◯ プレーンなパンプスは全タイプ似合う	◯ プレーンなパンプスは全タイプ似合う	◯ プレーンなパンプスは全タイプ似合う
ローファー	革靴の一種で靴ひもがないのが特徴。甲に飾りベルトのあるペニーローファーが一般的	◯ プレーンなローファーや、ビットローファー、ハイヒールタイプも似合う	✕ 地味な印象になるので避けたい。曲線的な脚のラインとのバランスも良くない	◯ プレーンなローファーも似合う。タッセルローファーも良い
スニーカー	ソールにゴム素材を、アッパーに布製や革製などの素材を使ったカジュアルシューズの総称	◯ ナイキやアディダスのようなスポーツ向けのタイプやハイテクスニーカーなどがよく似合う。ローカットが良い	✕ 地味な印象になりやすいので避けたい。履くのであればコンパクトなタイプが良い	◯ ローカットもハイカットも似合う。ボリュームのあるものが、とても良く似合う
バレエシューズ	甲が大きく開いたラウンドトゥのフラットシューズ。サブリナシューズとも呼ばれる	✕ ルームシューズのような印象になりやすく、ストレートタイプの存在感とバランスが良くないので避けたい	◯ 丸みのあるシルエットや薄い素材感とのバランスが良い	✕ 薄い素材感との相性が良くないので避けたい
エスパドリーユ	ジュート麻などの軽い縄底に、キャンバス地などラフに甲を覆ったスリッポン型のラフな靴	✕ ラフすぎる質感との相性が良くないので避けたい	✕ ラフすぎる質感との相性が良くないので避けたい	◯ 麻風の風合いのある質感がとてもよく似合う

		Straight	Wave	Natural
サンダル	ヒールの高さは問わず、足を乗せる底部と、それを足に留めるストラップ部分でできた履物	● バンドやストラップの幅が太く、シンプルなデザインのものを選ぶと良い	● バンドやストラップの幅が細く、華奢なデザインのものを選ぶと良い	● バンドやストラップの幅が太く、存在感のあるものを選ぶと良い
グラディエーターサンダル	サンダルの一種で、何本もの革バンドで足の甲から足首にかけて覆ったデザインのもの	× 個性が強いデザインが苦手なので避けたい	× 足元が重くなり重心を下げてしまうので避けたい	○ あらゆるタイプのものが似合う
ブーティ	ブーティとは「ブーツ風」という意味で、くるぶし丈くらいのおもに女性用のショートブーツ	● デザインがシンプルなものが似合う。表革を選ぶと良い	● スエード素材を選ぶと良い	● 光沢のないものを選ぶと良い
ショートブーツ	ハーフブーツより丈が短いブーツの総称。くるぶし丈くらいのものはアンクルブーツと呼ぶ	○ 足首に向かって引き締まって見え、膝下の細さが強調されるので似合う	× 膝下にメリハリがなく脚が太く見えやすいので避けたい	△ すねが目立つ丈なので長めのもののほうが良い
ハーフブーツ	ショートブーツよりも丈が長く、ふくらはぎの真ん中ぐらいのブーツ。ミドルブーツとも呼ぶ	● 乗馬ブーツのように筒が太めのものが良い	● 細身で脚のラインに沿うようなものが良い	● ウェスタンブーツ、レースアップなどが良い

		ⓢ Straight	ⓦ Wave	ⓝ Natural
ロングブーツ	ハーフブーツよりも丈が長く、膝より少し下か、膝くらいの丈のブーツ。よく見る一般的な丈	○ 表革でシンプルなものが似合う	○ スエード素材のものが似合う	○ シンプルなものに加え、筒が太めのものも似合う
ニーハイブーツ	ニーハイは膝上、膝上丈の意味で、膝を超える丈のブーツのこと。オーバーニーブーツとも	× 太ももの太さが目立つので避けたい。ただし、セクシーな印象を強調したい場合は効果的でもある	○ 太ももの細さが目立つので似合う	× 丈の長いボトムスが似合うので推奨しない
ウェスタンブーツ	細いつま先、高いヒール、浮き彫りや飾りステッチなどが特徴。カウボーイブーツとも呼ばれる	○ 単色のものや柄が主張しすぎないものが似合う	× 存在感の強さとの相性が良くないので避けたい	○ とてもよく似合う。フリンジ付きも似合う
ムートンブーツ	ムートンはフランス語で羊。羊毛の付いた羊皮で作られたブーツ。表面のステッチが特徴	△ フォルムが丸すぎず折り返しのないものが良い	× 足元が重くなり重心が下がるので避けたい	○ ムートンのナチュラルな風合いが得意。折り返しのあるものも似合う

スーツ・ジャケット

似合うスーツを着こなそう

スーツとは、そもそも同一の生地で仕立てたジャケットとボトムを合わせたコーディネートのこと。覚えておきたいのが「テーラードジャケット」の選び方です。下記チャートのVゾーンから袖筒までの内容を参考に最適なものを選びましょう。最近は、かっちりしたスーツコーディネートではなく、いわゆるオフィスカジュアルで良い職場も多いため、そういったときは職場の雰囲気に合わせて、P112で紹介しているノーカラージャケット以降のものを選ぶと、ラフすぎないビジネスカジュアルコーデになります。

	Straight	Wave	Natural
V ゾーン	**深め** ジャケットのセレクトで最重要視するべきポイント。標準よりもしっかり深いものを選びたい	**浅め** 深めのジャケットを着たい場合はスカーフやネックレス等、デコルテエリアに足し算が必要	**標準〜深め** ゆとりのあるデザインが似合う
着丈	**標準** お尻がギリギリ隠れるスタンダードな丈が良い	**短め** お尻がギリギリ隠れない、わずかに短めの丈を選ぶだけでバランスが整う	**長め** お尻がちょうど隠れるくらいのわずかに長めの丈を選ぶだけで、より垢抜ける
絞り	**標準** 標準の高さのウエスト位置で軽く絞りのあるタイプが良い。絞りの強いタイプも絞りのないタイプも避けたい	**高い位置で強めの絞り** 標準よりわずかに高い位置で強めに絞りがあると、バランスが整いキレイにまとまる	**ボックススタイル** 絞りが弱いもの、または絞りのないボックスシルエットがおしゃれに見える

	🙂 Straight	🙂 Wave	🙂 Natural
フロントカット※	**スクエア〜レギュラーカット** 直線的なもの、スタンダードなものが似合う	**レギュラー〜ラウンドカット** フロントに角があるとジャケットに着られた印象になるので曲線的なラインが良い	**スクエア〜レギュラーカット** 四角いものや自然な形のものが似合う
袖丈	**標準** スタンダードなものが良い	**短め** ビジネススーツであれば標準が望ましいが、カジュアルジャケットであれば、折り返すデザインなど短めのものも似合う	**標準** ビジネススーツであれば標準が望ましいが、カジュアルジャケットであれば長めのものも似合う
袖筒	**標準** スタンダードなものが似合う	**細め〜標準** 細め、コンパクトなものが似合う	**標準〜太め** 太め、ゆったりしたものが似合う

※ジャケットの前身頃の裾の形状のこと。

ビジネスに最適なジャケットを選ぼう

		🙂 Straight	🙂 Wave	🙂 Natural
テーラードジャケット（シングルブレスト）	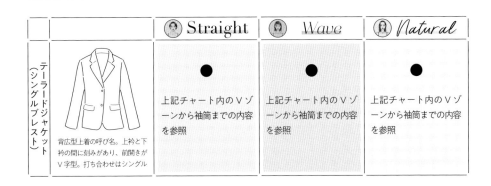 背広型上着の呼び名。上衿と下衿の間に刻みがあり、前開きがＶ字型。打ち合わせはシングル	● 上記チャート内のＶゾーンから袖筒までの内容を参照	● 上記チャート内のＶゾーンから袖筒までの内容を参照	● 上記チャート内のＶゾーンから袖筒までの内容を参照

		👤 Straight	👤 Wave	👤 Natural
テーラードジャケット（ダブルブレスト）	背広型上着の呼び名。上衿と下衿の間に刻みがあり、前開きがV字型。打ち合わせはダブル	● P110～111チャート内のVゾーンから袖筒までの内容を参照	● P110～111チャート内のVゾーンから袖筒までの内容を参照	● P110～111チャート内のVゾーンから袖筒までの内容を参照
ノーカラージャケット（ラウンドネック）	衿のない首周りが丸くカットされたシンプルなジャケット。抜け感のあるやわらかな印象	× 身体の厚みを強調するので避けたい	○ 丈の短いものを選ぶと良い	× フレーム感が強調され、身体が大きく見えるので避けたい
カラーレスジャケット（Vネック）	衿のない首周りがVにカットされたジャケット。抜け感がありつつもスタイリッシュな印象	○ 深いVが良い。デコルテエリアがスッキリとしたものが特に似合う。代表的な得意アイテムの1つ	● 胸元が寂しく見えがちなのでテーラードのほうが良い	○ ゆったりしたシルエットで丈も長めのものを選ぶと良い
スタンドカラージャケット	スタンドカラーは和製英語で立ち衿のこと。首に沿って襟が立ったデザインのジャケット	○ 直線的なシルエットは丸みを帯びた身体との相性がよくバランス良く見える	× 直線的なシルエットに身体が負けてしまうので避けたい	○ 大きなスタンドカラーも似合う
ボレロ	丈の短い前開き型の上着で、衿がないことが多い。闘牛士の衣装が原型とされる	× 身体の厚みのある部分だけを拾ってしまい、着太りして見えるので避けたい	○ 長すぎないタイプが良い	× 短い丈のアイテムは、骨っぽさが目立つので苦手

		Straight	Wave	Natural
サファリジャケット	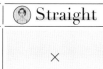 狩猟用ファッションがルーツで、大きなパッチポケットや肩飾り、共ベルトなどが特徴	✕ パッチポケットなど外側に装飾が多いものを着ると着太りして見えるので避けたい	✕ 生地が厚く硬いものが多いので避けたい	〇 サファリジャケットに多用されるシワ感のある厚く硬い生地がよく似合う

タイプ別おすすめテーラードジャケット

Straight

定番のデザインを選びましょう。お尻が隠れるくらいのミディアム丈のテーラードが◎。深めのVゾーンなら、スッキリ＆スマートに着こなせます。

Wave

浅めのVゾーンで、襟が小さめのものを選びましょう。コンパクトなショート丈＆ウエストが絞られたタイトなシルエットのものがおすすめです。

WHITE

Natural

全体的にゆったりしたサイズのもので、ウエストの絞りがゆるいボックスシルエットが似合います。Vゾーンは浅めではなく、標準〜深めを選ぶのがポイントです。

Straight のテイスト別コーディネート

(ラフ)　　　　(かわいい)

Tシャツとジーンズ、スニーカーを合わせた定番スタイルを、かわいく着こなせるのがストレートタイプ。シンプルで高見えするネックレスをつけて上品に。

Tシャツ（United Athle）、デニムスカート（YANUK）、バッグ（Marie-Louise）、スニーカー（New Balance）、キャップ（New Era®）、ネックレス（Ane Mone）

ウエストにギャザーやタックがない、フレアスカートはストレートタイプが得意なスカート。フラットでハリのある素材でまとめた大人かわいいスタイルです。

ニット（STATE OF MIND）、ストール（ROPE' PICNIC PASSAGE）、バッグ（Cafuné）、ネックレス（SIENA ROSE）、ブレスレット（ABISTE）、そのほか（スタイリスト私物）

どんなテイストでも、ハリがあり高見えする素材を選ぶのがポイント。ジャストサイズのアイテムでスタイルアップ！

（ クール ）

（ エレガント ）

ジャケットがとっても似合うストレートタイプ。ベルトやかっちりバッグ、ローファーなど、得意なアイテムでまとめて、クールかつクラス感の漂う雰囲気に。

ニット（SLOANE）、パンツ（YANUK）、ジャケット（スタイリスト私物）、バッグ（LAUNER LONDON）、シューズ（DIANA）、ネックレス（NATURALI JEWELRY）、時計（lip）

上品なレース素材とハイゲージのカーディガンを合わせて。全体のシルエットをＩラインでまとめた、メリハリボディの魅力を引き出すコーデです。

ワンピース（MICA & DEAL）、カーディガン（SLOANE）、バッグ（LAUNER LONDON）、パンプス（DIANA）、ネックレス（ABISTE）

Wave のテイスト別コーディネート

(ラフ)　　　　(かわいい)

足し算が得意なウェーブタイプは、肩掛けのカーディガンや光沢のあるバッグなどを合わせると◎。ラフでもソフトな印象を大切に。

カットソー（Le minor）、カーディガン（SLOANE）、パンツ（LE BOUQUET）、バッグ（Ane Mone）、スニーカー（スタイリスト私物）

肩のリボンで足し算しつつ、ソフトな素材感でまとめてとことんキュートに。オフショルダーや小さいドット柄、スエードの靴も似合うアイテムです。

カットソー（SLOANE）スカート（Isn't She?）、ジャケット（STATE OF MIND）、バッグ（LAUNER LONDON）、パンプス（スタイリスト私物）、ネックレス（Ane Mone）

ソフトな素材がウェーブタイプの魅力を引き出します。コンパクトな丈を意識したコーデで、重心のバランスを整えて。

クール

得意のロングブーツにやわらかい素材感のジーンズをイン。小さめのチェーンバッグをアクセサリー感覚で加えると大人辛口コーデの完成です。

ジャケット（WHITE）、カットソー（神戸レタス）、パンツ（YANUK）、バッグ（スタイリスト私物）、ブーツ（DIANA）、ピアス（Ane Mone）

エレガント

本来、苦手アイテムのスラックスもソフトな素材ならエレガントに着こなせます。得意なツイード素材をバッグで取り入れてアクセントに。

ブラウス（So close.）、パンツ（marmors）、バッグ（LAZY SUSAN）、パンプス（DIANA）、ピアス（Ane Mone）

Natural のテイスト別コーディネート

(ラフ)　　　(かわいい)

得意のゆったりしたⅠラインシルエット
に、シワ感のあるハイカットスニーカー
やキャンバス地のバッグを加えて、とこ
とんラフに。

スウェット（United Athle）、スカート（kleiden）、バッグ
（KELTY）、スニーカー（スタイリスト私物）、サングラス
（One/Three Compound Frame）

ざっくりしたゆるふわニットと布をたっ
ぷり使ったボリュームスカートで甘めの
コーデに。表面に凹凸があるプードル素
材のバッグも得意です。

ニット（SLOANE）、スカート（Olu.）、バッグ（VIOLAd'ORO）、
ブーツ（DIANA）

ゆったりしたシルエット、ざっくりした質感やシワがあるような素材を選べば、かっこよくもかわいいも自由自在。

（ クール ）

（ エレガント ）

得意な大きめサイズのサファリシャツに、きちんと感のあるハンドバッグと長めのネックレスを合わせて、甘めハンサムなコーデの完成。

ミリタリーシャツ（ROTHCO）、Tシャツ（MICA & DEAL）、デニムパンツ（upper hights）、バッグ（Cafuné）、ブーツ（DIANA）、ネックレス（Hh）

ベルスリーブは大得意アイテム。サイドにスリットが入ったスカートなら動きを出しつつ、華やか＆上品な着こなしができます。

ブラウス（Olu.）、スカート（MICA & DEAL）、バッグ（Cafuné）、パンプス（スタイリスト私物）、ネックレス（NATURALI JEWELRY）

(Straight)

women

3タイプの
オフィス
カジュアル
コーディネート

オフィスカジュアルコーデは、上品な
アイテムでキレイにまとめるのがコ
ツ。似合うアイテムを身にまとえば、
周囲からの印象アップも間違いなし。
アクセサリーやバッグ、靴といった小
物も似合うアイテムを選ぶことで、大
人の魅力を引き出せます。

深いVゾーンのジレは重くなりがちな
上半身をスッキリ見せてくれつつ、シン
プルすぎも回避できます。

ジレ (Attenir)、ニット (ROPE' PICNIC)、パンツ (スタイ
リスト私物)、バッグ (LAUNER LONDON)、スカーフ
(Cafuné)、パンプス (DIANA)、メガネ (One/Three
Compound Frame)

(Wave)　(Natural)

得意なモヘア調のニットとやわらかい素
材感のパンツで、甘さを抑えた大人コー
デに。

ニット、パンツ（ともに ROPE' PICNIC）、バッグ（Cafuné）、
パンプス（DIANA）、ネックレス（NATURALI JEWELRY）

たっぷりのギャザー、ボリュームのある
袖がナチュラルの魅力を引き出す、窮屈
にならないキレイめコーデです。

ブラウス（marmors）、スカート（ROPE' PICNIC）、バッグ
（FEEL AND TASTE）、パンプス（Attenir）、ネックレス（in
mood）

ヘアスタイル

骨格診断で似合うヘアスタイルがわかる

　ボディだけでなく頭の形にも骨格の特徴は表れます。ストレートタイプは頭の形にも立体感があり引き算ヘアが得意です。ウェーブタイプは頭の形が比較的平面で、華奢なデコルテまわりに華やかさのあるスタイルが似合います。ナチュラルタイプは、レングスは問わないものの、ラフな無造作感がポイントに。ヘアスタイルで顔やデコルテ周りを足し算・引き算をすることで骨格の良さを際立たせ、逆にカバーしたい特徴をカムフラージュすることができます。

ヘアスタイルの*イメージ*

ストレートは「直線的」がキーワード

ストレートヘアがとてもよく似合います。
そのほか、ゆるいCカール、ゆるいウェーブなど、
なるべく丸みを抑えたラインが似合います。首周りがスッキリする
ショートカットが3タイプの中で最も似合います。

ウェーブは「曲線的」がキーワード

直線的なストレートヘアは苦手。
ウェーブヘア、巻き髪などなるべく曲線のあるラインが似合います。
ただし、強いウェーブだと負けてしまうので、
ゆるふわウェーブぐらいが最も似合うヘアスタイルです。

ナチュラルは「無造作」がキーワード

基本的に、直線、曲線、髪の長さ問わず
どんなヘアスタイルも似合います。
ですが、ヘアスタイリングをする際に、束感を出したり、
無造作感を出したりすると、
よりナチュラルタイプの良さが引き立ちます。

	ⓐ Straight	ⓐ Wave	ⓐ Natural
ショート	○ 頭蓋骨に前後の奥行きがあり頭の形が良い人が多く、ショートヘアでもバランスが取れる	× デコルテを含む首〜頭部はスッキリさせると寂しい印象になりがちなので避けたい	○ ショートからベリーロングまで長さは問わないが、無造作な動きがほしいのでトップの長さは必要
ボブ	○ 肩につかない長さのボブが似合う	× 肩につかない長さのボブにするのであればふんわりしたシルエットが必要	○ ストレートボブより動きのあるスタイルが似合う
セミロング	× デコルテエリアは引き算をしたい部分なのでちょうど毛先が届くスタイルは避けたい	○ 足し算をしたいデコルテエリアに毛先が届くとバランスが良い	○ 長さは問わず似合う
ロング	○ 引き算したいデコルテエリアを通り越す長さのほうが似合う	○ ロングヘアで華やかさを足したいので似合う	○ 長いスタイルはよく似合う
ベリーロング	× 上半身を覆う長さは身体に厚みが出やすいので避けたい	× 下重心が目立つので避けたい。個性的な印象になるほどの長さがあるとヘアの個性の強さに負ける	○ 個性的な印象になるほどの長さのあるロングヘアでもバランスが取れる

	👤 Straight	👤 Wave	👤 Natural
ハーフアップスタイル	● きちんと感のあるスタイルが似合う	● ふんわり感のあるスタイルが似合う	● 無造作感のあるスタイルが似合う
フルアップスタイル	● きちんと感のあるスタイルが良い。ルーズにしないシニヨンやポニーテールなどが似合う	● 立体感が出るように後れ毛を出したり、後頭部にボリュームをもたせたりすると華やかになり似合う	● 無造作にまとめたようなニュアンスのあるスタイルが似合う

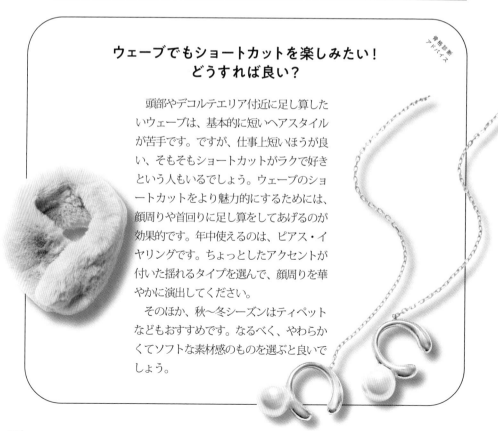

ウェーブでもショートカットを楽しみたい！
どうすれば良い？

　頭部やデコルテエリア付近に足し算したいウェーブは、基本的に短いヘアスタイルが苦手です。ですが、仕事上短いほうが良い、そもそもショートカットがラクで好きという人もいるでしょう。ウェーブのショートカットをより魅力的にするためには、顔周りや首回りに足し算をしてあげるのが効果的です。年中使えるのは、ピアス・イヤリングです。ちょっとしたアクセントが付いた揺れるタイプを選んで、顔周りを華やかに演出してください。

　そのほか、秋〜冬シーズンはティペットなどもおすすめです。なるべく、やわらかくてソフトな素材感のものを選ぶと良いでしょう。

メイク

それぞれの骨格タイプに合ったメイクのポイント

メイクにも骨格別に似合う質感があります。メイクの質感にはトレンドが表れるので、そのトレンドの中で自分に似合うものをセレクトするといいでしょう。

Straight
マット〜セミマット

質感はセミマットが似合います。多少のツヤ感なら似合いますが、キラキラとしたツヤ感がありすぎると肌のハリが強調されて顔が大きな印象になりやすいので注意。

Wave
シアー

質感は、透け感とほどよいツヤのあるシアーが似合います。やわらかな肌の質感が特徴のウェーブは、マットだと地味な印象になりやすいのでツヤが必須です。

Natural
ナチュラル

ナチュラルは、ドライな質感が特徴。ナチュラルな印象とマッチする、マットすぎず、ツヤすぎず、ナチュラル（自然）な質感が似合います。

	Straight	Wave	Natural
パール	● 粒子が細かく上品なツヤが出るものが似合う。キラキラしすぎないものを選ぶと良い	○ 光るものはよく似合う	× 自然な印象が似合うので避けたい
ラメ・グリッター	× 派手な印象になりやすいので避けたい	○ 光るものはよく似合う	× 自然な印象が似合うので避けたい

そもそも骨格診断って どうやって誕生したの？

　1996年に二神弓子がイメージコンサルタントとして活動する中で、骨格診断の原型となるメソッドに出会い研究を開始したのが発端です。

　1998年には、アイシービーオフィスを立ち上げ、個人や企業へのコンサルティングを開始。二神弓子がスタッフとともに検証を重ねて、現在の骨格診断メソッドが確立しました。

　2002年には「骨格診断ファッションアナリスト養成講座」をスタートさせ多くの骨格診断ファッションアナリストを輩出、2013年には、骨格診断メソッドの正確な技術と知識の普及を目的に一般社団法人ICBI骨格診断アナリスト協会が設立されます。

　同社が輩出した骨格診断ファッションアナリストによるファッションコンサルティング活動、書籍の出版、ファッション雑誌の監修などにより全国規模で骨格診断メソッドは普及され、今やファッションが好きな人中心に、似合う服を選ぶための基本として広く知られるようになりました。

part 3

骨格診断×
メンズファッション

男性の服選びにも骨格診断は効果的です。女性のアイテムとは違う視点もあるので、骨格診断アドバイザーとして活動したい人は必須の知識です。ビジネススーツについてのルールも押さえておきましょう。

メンズトップスのネックライン

袖のデザインの種類が少ない分、ネックラインを重視

　男性のトップスは、女性と比べて丈や袖のデザインにバリエーションが少ないです。そこで、重視したいのは、ネックラインの形。また、男性のほうが骨っぽさや身体の厚みが出たほうがかっこよく見える場合もあるため、女性のネックラインとは一部似合う、似合わないが違う点があります。似合うネックラインを選べば、体型にしっくりなじみ、バランス良く見えるコーディネートに近づけます。

		🙂 Straight	🙂 Wave	🙂 Natural
クルーネック	首元が丸く詰まった、ラウンドネックの代表。アイビーネックと呼ばれることもある	◯ 全ての骨格タイプに似合う	◯ 全ての骨格タイプに似合う	◯ 全ての骨格タイプに似合う
Vネック	V字のネックラインの総称で、開きの幅と深さは多様。深さによって印象が変わる	◯ 直線のシャープなラインが似合う。アルファベットのVの字のような深いタイプが特に似合う	△ 鋭角なラインが苦手	◯ Vネックのフチ部分に厚みがあるものがより似合う
横幅広Vネック	横に広く開いたVネック。下にTシャツやシャツなどを着て重ね着もできるくらいのもの	◯ 直線的なものが得意	◯ 開きの角度が広いほど似合う	◯ 縦に深く開くものより、ゆったりしたラインが得意。浅すぎないものを選ぶとより似合う

		🙂 Straight	🙂 Wave	🙂 Natural
ヘンリーネック ラウンドネックの中央部にある前開きを2～3個のボタン、または紐で留めているもの		○ スタンダードなタイプが良い	× 地味に見えやすいので苦手	○ ボタンの部分が大きめなものが似合う
ボートネック 鎖骨に沿いつつ、両方の肩に向かって、横に広く開いたネックラインのこと		△ 肩の丸みが目立つので避けたい	○ 縦方向より横方向に広いネックラインが似合う	○ 自然な曲線のネックラインが似合う
タートルネック ネックラインが大きく立ち上がり、折り返しができるものを指す		△ スッキリとしていて折り返しがもたつかず、きちんと重なるタイプが良い	× 重心が下がって見えるので避けたい	○ 大きなタートルや折り返さない着方も似合う
ハイネック 一般的に2～3cm程度、ネックラインが立ち上がり、折り返しのないデザインのこと		○ 折り返しのないスッキリしたハイネックが似合う。張り付くタイプやゆとりがないものも似合う	× 重心の低さが際立ち、胴が長く見えるので避けたい	○ 身体の骨っぽさが際立つので似合う
バンドカラー 折り返しのない立った衿。同じようなスタンドカラーよりもバンドカラーのほうが衿は低い		○ シンプルでオーソドックスなカラーは得意	× 重心の低さが際立ち、胴が長く見えるので避けたい	○ シンプルでも寂しくならず着こなせる

トップス

素材感とサイズ感を直接チェックしよう

　ここではカジュアルシャツやセーターなどの定番トップスについて解説します。part 1 を参考にしながら、素材感や厚み、柄の有無なども考慮して選びましょう。さわったときに感じる素材感や厚みも大切なので、実際の実物を見て、試着してから買うのがおすすめです。基本的には、丈やサイズの基準は女性と同じように考えて OK。**ストレートタイプはジャストサイズのもの、ウェーブタイプはコンパクトなサイズを選び、ナチュラルタイプはゆったりした大きめのサイズを意識して選ぶと良いでしょう。**

		Straight	Wave	Natural
コットンシャツ	厚手でハリのあるもの、軽やかな薄手のもの、洗いざらしで風合いのあるものまでさまざま	○ シワがなくパリッとしたものが似合う。適度な厚みと硬さのあるものが良い	● やわらかいものを選ぶと良い	○ 厚みと硬さのあるもの、風合いのある素材も似合う
リネンシャツ	リネン100%はざっくりとした風合いやシワがあるが、混紡ではシワがつきにくいものもある	● 適度な厚みがありシワのないキレイめなものが良い。綿と麻の混紡など	× 素材の強さに身体のラインや質感が負けてしまうので避けたい	○ 似合うアイテムの代表的なものの1つ。大きめシルエットが似合う
ネルシャツ	綾織の綿織物を起毛させた綿フランネル素材のシャツのこと。肌ざわりがやわらかい	△ 起毛させた凹凸のある生地は苦手。着たい場合は、素材に厚みがなくキレイめなものを選ぶと良い	△ シルエットや柄が大きいものは苦手。丈が短くコンパクトなもの、ブロックチェック（2色を交互にした柄）が似合う	○ 大きめシルエットが似合う

		😊 Straight	😊 Wave	😊 Natural
チェックシャツ	カジュアルな印象だが、チェックの種類や大きさで似合う・似合わないが分かれる	● 大柄なものが良い。色のコントラストがはっきりしたものを選ぶと良い。バーバリー・チェックなど	● 小柄なものが良い。ギンガム・チェックなど	● 大柄なものや、大胆な柄のものが良い。タータン・チェックなど
ポロシャツ	カジュアル感の強い半袖シャツの中でも、ポロシャツは比較的スッキリした印象	○ オーソドックスなものが似合う	△ 素材がやわらかく身体にフィットするコンパクトなシルエットのものを選ぶと良い。鹿の子編みのポロシャツは苦手	○ 大きめシルエットのものが似合う
Tシャツ	シンプルなアイテムでどのタイプにも似合うが、素材やサイズがさまざまなので見極めを	○ オーソドックスなものが似合う。適度な厚みのある上質な素材が得意	● 薄手でコンパクトなデザインのものが良い	○ ゆったりしたシルエットのものが似合う
ニット	編み目の詰まったハイゲージから、大きなローゲージまである。ネックの形も要チェック	● ハイゲージニットが良い。シルエットは大きすぎず小さすぎないものが良い	● ハイゲージニットが良い	● ハイゲージニットも良いが、ミドルゲージからローゲージが得意。身頃も丈も大きめが似合う
カーディガン	サイズ感や厚み、ゲージ（編み目）もいろいろ。リラックス感が強いので骨格タイプを選ぶ	× ストレートタイプはカーディガンよりジャケットを羽織りたい	● ハイゲージニットで細身のものを選ぶと良い	● ミドルゲージやローゲージを選ぶと良い。カウチン柄やケーブル編みなども似合う

		Straight	Wave	Natural
スウェット（トレーナー）	裏起毛のパイル仕上げのニット地で作られるのが特徴のトップス。丸首で長袖のものが一般的	△ 大きすぎず小さすぎないものを選ぶと良い	△ シンプルだと地味な印象になるので、なるべくフードが付いているものを選ぶと良い	○ 厚みのある生地で大きめのものが似合う

ストレートとウェーブが
苦手なアイテムに挑戦するときのコツ

骨格診断アドバイス

さまざまな店で目にすることが多いカーディガンですが、残念なことにストレートタイプは身体の厚みが目立ち、太って見える可能性があるため、基本的にはカーディガンよりもジャケットを選ぶほうが良いでしょう。とはいえ、カーディガンでカジュアルな服装を楽しみたい人もいるでしょう。そんなときに気をつけたいポイントは、開き具合がなるべくIラインのもので、高級感のある素材を選ぶことです。ストレートタイプは、スーツやセットモノが得意なので、中のトップスとカーディガンがアンサンブルになっているものもおすすめです。

そして、シワ感が強いものが苦手なウェーブタイプがリネンシャツを着たいなら、中にTシャツなどを着て、羽織として着ると良いです。中のトップスが透けて見えるくらい薄手で、シワ感が少ないキレイめのものを探してみましょう。丈もコンパクトなサイズを選べばおしゃれに着こなすことができます。

Straight

ニットカーディガン、タートルネックニット（ともにGRAN SASSO）

Wave

ニット（ROYAL MER Designed by IDEAS）、リネンシャツ（スタイリスト私物）

ボトムスの丈

男性ボトムスは3つの丈が基本

　男性ボトムスの基本の丈は足の甲にかかるフルレングスです。この長さは、全ての骨格タイプに似合う長さです。ウェーブは少しだけ短い、足首が見える長さのアンクル丈もコーディネートによっては OK。ナチュラルは全ての丈が似合いますが、比較的長めの丈のほうが得意で、ハードな素材を使ったアイテムもおしゃれに着こなせます。

　シルエットは、ストレートタイプはシンプルなストレートシルエット、ウェーブは細身のもの、ナチュラルはワイドなシルエットを意識するとスタイルアップして見えます。

		⊙ Straight	⊙ Wave	⊙ Natural
フルレングス	一般的には、くるぶしから床に着くほどの丈を指す。10分丈と呼ばれることもある	○ 基本の丈は全ての骨格タイプに似合う	○ 基本の丈は全ての骨格タイプに似合う	○ 基本の丈は全ての骨格タイプに似合う
アンクル丈	足首が見えるぐらいの丈。9分丈と呼ぶこともある	△ 着太りして見える。フルレングスやオーソドックスなもののほうが似合う	● 足首が見える軽やかさが似合うが、下重心が強調されないようコーディネートに工夫が必要	○ 足首の骨ぽっさが目立つことで、おしゃれに見える
ハーフパンツ	丈がフルレングスの半分の長さのもの。膝下までのものや膝上のものなど、豊富な丈がある	● チノパンを切ったようなオーソドックスなものが良い。太すぎない、ひざ丈のものを選ぶと良い	△ 子どもっぽく見えるので避けたい	● ギャザーがあってワイドなものが良い。膝下くらいの丈が似合う

		😊 Straight	😊 Wave	😊 Natural
ストレートパンツ	膝から裾にかけて真っ直ぐなラインが特徴。流行り廃りが少ない、定番アイテムの1つ	○ 全ての骨格タイプに似合う	○ 全ての骨格タイプに似合う	○ 全ての骨格タイプに似合う
ウールパンツ	ウール素材のパンツ。定番のスラックスタイプからワイドシルエット、ツイードまでさまざま	○ スタンダードなウールのパンツは全ての骨格タイプに似合う	○ スタンダードなウールのパンツは全ての骨格タイプに似合う	○ スタンダードなウールのパンツは全ての骨格タイプに似合う
コットンパンツ	綿素材のパンツのこと。ハリのある素材から、ゆったりやわらかなものまでさまざま	○ シワが寄らずパリッとした素材感のものが似合う	△ やわらかい素材で細めのシルエットを選ぶと良い。ストレッチが効いた素材のほうが良い	○ ゆったりしたシルエットのものが似合う
コーデュロイパンツ	カジュアルパンツに多く使われ、毛羽が縦方向に畝(うね)になった織物。厚手で保温性に富む	△ なるべくキレイめなものを選ぶ。ストレートシルエットを選ぶと良い	● 畝が細く、薄手でやわらかくキレイめなものが良い。ストレートから細身のシルエットを選ぶと良い	○ コーデュロイは得意な素材。ゆったりしたシルエットが似合う
ジーンズ	コットンデニム製のカジュアルパンツ。形や生地の厚み、ダメージ加工の程度もさまざまある	○ ストレートラインで、キレイめなデニム素材のものが似合う	△ 細身のラインでキレイめなものを選ぶと良い	○ ゆったりしたラインで、ダメージ加工や色落ち加工が施してあるものも似合う

		● Straight	● Wave	● Natural
ショートパンツ	丈の短いパンツの総称。一般的に男性向けでは膝から脚の付け根の真ん中あたりの丈を指す	● ストレートラインで厚手でハリのあるキレイめなものを選ぶと良い	● 細身のラインでやわらかいものを選ぶと良い	● 大きめでラフなシルエットのものを選ぶと良い
バギーパンツ	股上が深く、ヒップから裾にかけて広がる太いシルエットが特徴のパンツ	△ シルエットが大きく、ダボッとしたものはやぼったく見えがち。太すぎないものを選ぶと良い	× アイテムの存在感に負けてしまうので避けたい	○ 大きめシルエットやボリュームのあるものは得意でよく似合う
ジョガーパンツ	裾がリブやゴムで絞られていて、動きやすい素材が使われているスポーツウェア風のパンツ	× ラフすぎて存在感のある身体と合わない	○ 細身のものを選ぶと良い	○ ボリュームのあるものを選ぶと良い
カーゴパンツ	貨物船の乗組員がはいているような丈夫なもの。両脇の大きな外ポケットが特徴	△ シワや外ポケットが苦手。着る場合は、シワが少なく、すっきりしたキレイめのものを選ぶと良い	× 下半身にボリュームが出て、下重心になるので避けたい。またカーゴパンツに使われるハードな素材も苦手	○ シワや外ポケット、ハードな素材も似合うので得意

コート・ブルゾン

丈やシルエットの違いから似合うものを見つける

　ストレートはキレイめでオーソドックスなものが得意で、トレンチコートやチェスターコートは特に似合います。ウェーブは丈が短くコンパクトなもの、例えばステンカラーコートやキルティングコートが似合います。ナチュラルはゆったりとしたもの・大きめのもの・長めのものが得意で、ダッフルコートやモッズコートを着るとおしゃれに。

　スーツの上に着用するコートを選ぶなら、チェスターコート、トレンチコート、ステンカラーコート、キルティングコートあたりが、カジュアルダウンしすぎないのでおすすめです。

		🙂 Straight	🙂 Wave	🙂 Natural
フィールドコート	耐水性や耐風性のある丈夫なコットン生地で作られる。多数のポケットが付くなど機能的	× シワ感のある素材が苦手なので避けたい	× シワ感のある硬く強い素材が苦手なので避けたい	○ 大きめシルエットが似合う
モッズコート	フード付き、紐を引いて調節できるウエスト、ファスナーとスナップの併用などが特徴	△ スタンダードなデザインでファーがついていないものを選ぶと良い	△ コンパクトなデザインを選ぶと良い	○ 長くて大きいものが得意。モッズコートに使われるファーはナチュラル向きのものが主流なのでファー付きも似合う
ニットコート	リラックス感のあるニット製のコート。ローゲージのものが多く厚みがある	× 厚みと立体感のあるニット、ローゲージニットが苦手なので避けたい	× 地味な印象になりがちなので避けたい	○ 厚みがあり大きく丈も長めのものが似合う

		ⓘ Straight	ⓘ Wave	ⓘ Natural
ダウンジャケット	羽毛を詰めた防寒機能が高いジャケット。フードやファーなどの飾りが付いたものもある	● 腰が隠れる程度のベーシックな丈のものが良い。ツヤがあまりないマットな素材を選ぶ	● 腰にかかる程度の少し短めの丈のものが良い。ふんわりボリュームのあるものが似合う	● 太ももにかかるくらいの長めの丈のものが良い。ツヤのない硬い素材のものが似合う
ダッフルコート	特徴的なトグルボタンが付いた厚手のウール生地のコート。フードが付いたものが一般的	△ シンプルが似合うタイプなので、トグルボタンなどの装飾が苦手	○ やわらかい生地のものを選ぶと良い	○ トグルボタンなどの装飾は得意。大きめシルエットのものが似合う
MA-1	アメリカ軍が着用していたフライトジャケットを元にしたもの。保温性と機能性が高い	● ツヤのないベーシックなタイプを選ぶと良い	● ツヤのある素材で、ファスナーなどの金具がアクセサリーのようにアクセントになっているものが良い	● ツヤのないタイプで大きめのシルエットを選ぶと良い
スタジャン	左胸部分や背中に、数字やアルファベットの刺繍またはプリントが施されているのが特徴	○ オーソドックスな重さのあるタイプは似合う。大きめのロゴも似合う	△ 生地のハードさが苦手。着る場合は、コンパクトで硬くないものを選ぶと良い	○ 大きめのシルエットを選ぶとより似合う
レザーブルゾン	機能的なデザインの革製ショートジャケット。ダブルブレストのジッパー付きが代表的	● 表革のものを選ぶと良い	● スエード素材のものを選ぶと良い	● 硬くて厚い革のものを選ぶと良い

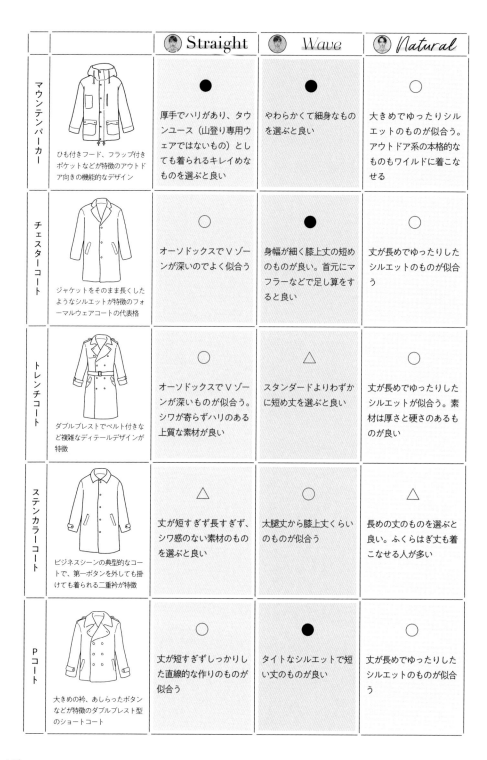

		👤 Straight	👤 Wave	👤 Natural
マウンテンパーカー	ひも付きフード、フラップ付きポケットなどが特徴のアウトドア向きの機能的なデザイン	● 厚手でハリがあり、タウンユース（山登り専用ウェアではないもの）としても着られるキレイめなものを選ぶと良い	● やわらかくて細身なものを選ぶと良い	○ 大きめでゆったりシルエットのものが似合う。アウトドア系の本格的なものもワイルドに着こなせる
チェスターコート	ジャケットをそのまま長くしたようなシルエットが特徴のフォーマルウェアコートの代表格	○ オーソドックスでVゾーンが深いのでよく似合う	● 身幅が細く膝上丈の短めのものが良い。首元にマフラーなどで足し算をすると良い	○ 丈が長めでゆったりしたシルエットのものが似合う
トレンチコート	ダブルブレストでベルト付きなど複雑なディテールデザインが特徴	○ オーソドックスでVゾーンが深いものが似合う。シワが寄らずハリのある上質な素材が良い	△ スタンダードよりわずかに短め丈を選ぶと良い	○ 丈が長めでゆったりしたシルエットが似合う。素材は厚さと硬さのあるものが良い
ステンカラーコート	ビジネスシーンの典型的なコートで、第一ボタンを外しても掛けても着られる二重衿が特徴	△ 丈が短すぎず長すぎず、シワ感のない素材のものを選ぶと良い	○ 太腿丈から膝上丈くらいのものが似合う	△ 長めの丈のものを選ぶと良い。ふくらはぎ丈も着こなせる人が多い
Pコート	大きめの衿、あしらったボタンなどが特徴のダブルブレスト型のショートコート	○ 丈が短すぎずしっかりした直線的な作りのものが似合う	● タイトなシルエットで短い丈のものが良い	○ 丈が長めでゆったりしたシルエットのものが似合う

		ⓢ Straight	ⓦ Wave	ⓝ Natural
キルティングコート	キルティング生地のコート。カジュアル感が強いが、ビジネスシーンにも着られる	× キルティングは着太りして見えるので苦手	○ キルティングが似合う	○ ゆったりしたシルエットのものが似合う
テーラードジャケット	背広型上着。上衿と下衿の間に刻みがあり、前開きがV字型。打ち合わせはシングル	● 深めのVゾーン。柄物であれば大柄のストライプを選ぶと良い	● 浅めのVゾーン。柄物であれば小柄のチェックやヘリンボーンを選ぶと良い	● 基本または深めのVゾーン。柄物であれば大柄のチェックやヘリンボーンを選ぶと良い
サファリジャケット	狩猟用ファッションがルーツで、大きなパッチポケットや肩飾り、共ベルトなどが特徴	× 外ポケットなど装飾が多いこと、シワが入る素材のものが多いので避けたい	× ハードな素材感のものが多いので避けたい	○ 厚さと硬さがある素材感のもの、シワなど風合いのある素材のものが似合う
ニットジャケット	カーディガンのように羽織れるニット製のジャケット。リラックス感のある雰囲気	× 高級感と硬さのある素材感が似合うので避けたい	× 大きなシルエットのものはルーズに見えやすいので避けたい	○ 丈が長めで大きいシルエットが似合う

靴

ビジネスシューズは革製が基本

　革靴はデザインによってフォーマル度が異なります。フォーマル度が高い順にストレートチップ、プレーントゥ、ウィングチップ、Uチップ、モンクストラップとなります。ビジネスの現場や冠婚葬祭では革製でひもの付いたデザインがマナーなので、ストレートチップ、プレーントゥはいつでも使える万能な一足といえます。ほかの革靴もスーツに合わせることはできますが、フォーマル度を理解しておけばTPOや骨格に合わせて最適な選択ができるでしょう。なお、スエードなどの裏革やローファーはカジュアルな印象が強いのでビジネスシーンには不向きです。

		Straight	Wave	Natural
ストレートチップ	つま先に横一文字の切り替えが入ったデザイン。冠婚葬祭にも使える万能な一足	○ スタンダードなデザインのものが似合う。質の良いものを選ぶと良い	○ 履いたときに、足の甲の面積が広く見えない横幅・奥行きともに広すぎないタイプのものを選ぶ	○ 履いたときに、大きさと存在感を感じるタイプを選ぶとより似合う
プレーントゥ	つま先に装飾がないシンプルなデザイン。ストレートチップとともに冠婚葬祭にも使える	○ スタンダードなデザインのものが似合う。質の良いものを選ぶと良い	○ 履いたときに、足の甲の面積が広く見えない横幅・奥行きともに広すぎないタイプのものを選ぶ	○ 履いたときに、大きさと存在感を感じるタイプを選ぶとより似合う
ウィングチップ	甲部分にW字形の切り替えや穴飾りがあるデザインが特徴。パーティなど華やかなシーンに	○ スタンダードなデザインのものが似合う。質の良いものを選ぶと良い	○ 履いたときに、足の甲の面積が広く見えない横幅・奥行きともに広すぎないタイプのものを選ぶ	○ 履いたときに、大きさと存在感を感じるタイプを選ぶとより似合う

	Straight	Wave	Natural
Uチップ つま先部分にステッチでU字型のアッパーを付けたデザイン。ややカジュアルな印象になる	○ スタンダードなデザインのものが似合う。質の良いものを選ぶと良い	○ 履いたときに、足の甲の面積が広く見えない横幅・奥行きともに広すぎないタイプのものを選ぶ	○ 履いたときに、大きさと存在感を感じるタイプを選ぶとより似合う
モンクストラップ ベルトで留める堅苦しくないデザインで、冠婚葬祭には不向きだがビジネスシーンでは人気	△ オーソドックスなもののほうが似合う	△ 足の甲が広く見えるため避けたい	○ ストラップが太く大きなタイプがより似合う
ローファー 簡単に着脱できるカジュアルなシューズ。ビット、コイン、タッセルなどデザインも豊富	○ スタンダードなデザインのものが似合う。コインローファーやビットローファーなど	● 細身の作りでドレス感のあるものを選ぶと良い。スエード素材のものやビットローファーなど	○ ツヤのない革やバックスキンのものが似合う。タッセルローファーなど
スニーカー ハイテク・正統派、ハイカット・ローカット、コンパクト・ごつめなどさまざまな種類がある	○ スタンダードなローカットスニーカーが得意。スポーツ用の高機能なハイテクスニーカーも似合う	● コンパクトなデザインのローカットのものが良い。素材重視で選ぶ	○ ローカットもハイカットも似合う
ブーツ 表革・スエード、編み上げタイプ、ハードな印象のものなど、多彩なデザインがある	● 表革でシンプルなものを選ぶと良い。ゴアブーツなど	● スエード素材のシンプルなものを選ぶと良い。レースアップはないほうが似合う	● ツヤのない硬い革やスエード素材のものを選ぶと良い。ゴアブーツ、エンジニアブーツ、レースアップブーツなど

小物

素材や大きさが選ぶときの基準になる

コーディネートのスパイスとなる小物も、考え方は女性と同様です。骨格タイプに合わせて選ぶことでより洗練された印象になります。男性でも小物を選ぶときの大事なポイントは、各アイテムの素材や大きさになります。ストレートタイプはきちんと感のある、オーソドックスなものを中心に選び、ウェーブタイプは硬すぎない素材のもので、小さいサイズのものを選ぶと似合います。ナチュラルタイプは、ハードな生地を使ったものや大きく太いものを選ぶときの基準にすると良いでしょう。派手なものや個性的なデザインのアイテムも似合うタイプです。

	⑨ Straight	⑨ Wave	⑨ Natural
ベルト	● 太くも細くもないもの。表革でビジネスにも使えそうなものを選ぶと良い	● 細いベルトが似合う。スエードや表革、ナイロン素材のものを選ぶと良い	● 太めで革やメッシュ素材のものが似合う
時計	● シンプルで大きくも小さくもない円形が良い。ベルトは細すぎず、太すぎない革かメタルバンドを選ぶ	● 小さめのサイズのものが似合う。フェイスは正方形、円形かつ小さいもの。ベルトは革もメタルバンドも似合う	● 大きめのサイズのもの。フェイスは長方形、円形かつ大きいもの。ベルトは細くないもので革かメタルバンドを選ぶと良い
鞄	● スタンダードなデザインで小さすぎないものが似合う。素材は表革が良い	● 大きくないサイズ感で飾りがあるものが似合う。ナイロン、表革、スエード素材を選ぶと良い	● サイズが小さくないもの、カジュアルなものが似合う。革やキャンバス地を選ぶと良い。大きめトートや大きめショルダーが◎

	Straight	Wave	Natural
ニット帽	● ハイゲージでキレイめ、シンプルなものが良い	● やわらかく編まれたものが似合う	● リブ編みなどざっくり編まれたものが似合う
キャップ	○ オーソドックスなタイプが特に似合う	● ロゴや 2 色以上使われたものなど、シンプルすぎないものが良い	○ オーソドックスなタイプのほか、柄物など個性的なものも似合う
マフラー	● 大きめで厚手のものが良い。カシミア、ウール 100 ％など素材が高見えするものが似合う	● 短く、小さめのもの。薄手のウールやアクリルを選ぶと良い	● 長めで太いもの、かつ大判サイズのものが似合う。フリンジのあるデザインも◎。ウール、ナイロン、麻などの素材が良い

アクセサリーの素材やアイテムはどうやって選ぶ？

　従来は、宝石やパール素材を使ったアクセサリーは女性向け、男性は革やシルバーを使ったアクセサリーが主流……といった性別によるアイテムの壁もありました。しかし、昨今は男性向けのパールのアクセサリーがトレンドになるなど、そういった性差による違いが少なくなってきているようです。どういったものがトレンドになるかは、その時代次第ですが、男性ももっとアクセサリーを好みに応じて、自由に楽しめる時代になってきています。アクセサリーの素材やアイテムについては、ぜひ part 2 の P89 や P93 を参考に選んでみてください。

ヘアスタイル

レングスの基準を押さえておこう

　メンズヘアの長さの目安は、サイドや襟足が数ミリで前髪が眉上2cm以上を「ベリーショート」、それよりも長めで耳にかかるくらいを「ショート」、前から見たときに襟足が見え、前髪が目にかかるくらいを「ミディアム」、耳が隠れる～肩に届く長さを「ロング」とします。女性のヘアスタイルの考え方と基本的には同じです。ストレートは頭蓋骨に奥行きがあるので引き算ヘアが得意。ウェーブは頭の形が比較的平面なので、頭部はすっきりさせず足し算ヘアが似合います。ナチュラルはどの長さも似合いますが、無造作感を出すのがコツです。

ヘアスタイルの**イメージ**

ストレートは「きちんと感」がキーワード

きちんとしたヘアが似合うので、ストレートヘアがおすすめ。
引き算を意識したヘアスタイルがポイントです。
ベリーショート～ショートの長さが、
よりスッキリ見えてスタイルアップできます。

ウェーブは「ソフトなヘアライン」がキーワード

「やや長め」で「ソフトなヘアライン」を意識するのが
ポイントです。短くする場合は動きを出す、もしくは、
襟足は刈り上げても、トップを長めにして動きを出すなど
一工夫すると良いでしょう。

ナチュラルは「無造作」がキーワード

骨格的にはどの長さのヘアも似合いますが、動きのないスッキリした
スタイルはフレーム感を強調しすぎてしまうので避けましょう。
ウェーブを出したり、ワックスで束感や無造作感を出したりと
毛先に動きを出すのがスタイリングのポイントです。

	Straight	Wave	Natural
ベリーショート	○ 頭蓋骨に前後の奥行きがあり頭の形が良い人が多く、ベリーショートが似合う。デコルテを含む首〜頭部はスッキリさせるとバランスが良いのでよく似合う	● デコルテを含む首〜頭部はスッキリさせるとバランスが良くないので、寂しくならないようにボリューム感を出すと良い	○ 骨格がしっかりしているため、髪が短くても頭の立体感が残るので似合う
ショート	○ スタンダードな長さのショートヘアは全ての骨格タイプに似合う	○ スタンダードな長さのショートヘアは全ての骨格タイプに似合う	○ スタンダードな長さのショートヘアは全ての骨格タイプに似合う
ミディアム	△ きちんと整える必要がある	○ 首〜頭部は足し算をしたい部分なのでよく似合う	○ 無造作なスタイルが似合う
ロング	△ 個性が強いので似合うかどうかは個人差がある。ダウンヘアのままは避けたほうが良い	○ 個性が強いので似合うかどうかは個人差がある	○ 個性が強いので似合うかどうかは個人差がある

Straight のテイスト別コーディネート

(ラフ)

ハイゲージニットに
Tシャツを合わせ
て、ラフさの中にも
清潔感をプラス。

革小物で得意な
上品さを演出。

足元はキレイめ
のスニーカーで
ほどよいカジュ
アル感を。

カジュアルなアイテムでまとめるときもハイゲー
ジニットやハリのある素材のブルゾン、ストレー
トパンツなどキレイめを心がけるとかっこよく着
こなせます。

ニット（GRANSASSO）、Tシャツ（TATRAS）、パンツ（EEL Products）、
バッグ（CIMABUE）、サングラス（A. KJAERBEDE）、そのほか（スタイ
リスト私物）

コーディネートは、テイスト問わずシンプル＆キレイめを意識するのがポイント。スタンダードなアイテムを着るだけでかっこよさが際立ちます。

（　きちんと　）

直線的なラインが入った柄が得意。

適度な厚みとハリのあるものを選ぶ。装飾がないシンプルなデザインでもおしゃれに着こなせる。

ジャストサイズでシワがないキレイめのチノパンが、ほどよいきちんと感にマッチする。

ハリのあるシャツは得意アイテムです。オーソドックスなシルエットのジャケット、革のブーツと合わせると、こなれた大人のジャケパンスタイルが完成します。

ジャケット（REGAL）、シャツ（KINLOCH ANDERSON）、
パンツ（GORDON MILLER）、ブーツ（Crockett & Jones）

(ラフ)

アクセントのあるア
ウターが得意。やわ
らかい素材のものを
選ぶのがポイント。

身体にフィットする
細身のパンツで、全
身のスタイルアップ
ができる。

コンパクトなロー
カットスニーカー
が似合う。

中に着たトップスが見える程度のショート丈ジャ
ケットでスタイルアップ。フード付きのトップス
で首回りに立体感をプラスした、ほどよいカジュ
アルコーデです。

ブルゾン (Seagreen)、パーカー (texnh)、パンツ (EEL
Products)、キャップ (Caledoor)、スニーカー (REPRODUCTION
OF FOUND)

足し算を意識したコーディネートが得意です。細身なシルエットでまとめて、身体のスタイリッシュさを活かしましょう。

きちんと

得意な深すぎないVゾーンと細めの襟のジャケットで上品さを。

ポケットの存在感がないスッキリしたデザインで、こなれた大人の着こなしに。

得意な細いラインのボーダートップスに、コンパクトなシルエットとやわらかい生地のジャケットをオン。スエードのシューズがよりソフトな雰囲気を演出してくれます。

ジャケット（MORLES）、カットソー（Healthknit）、シューズ（FERRANTE）、パンツ（スタイリスト私物）

Natural のテイスト別コーディネート

(ラフ)

大きなポケットが
付いたデザインが
似合う。

使い込んだような
革の風合いがする
バッグで、ラフな
中にも大人のかっ
こよさを。

シワのある素材や
カーゴパンツの凹
凸感のあるデザイ
ンが得意。

ラフなコーデは大得意。ゆったり大きめのシル
エットを意識した、ラフに振り切ったコーデが決
まります。ハードな素材でまとめても子どもっぽ
くなりません。

ジャケット (GORDON MILLER × CAL O LINE)、パンツ (GORDON
MILLER)、ニットキャップ (MAISON Birth)、バッグ (KINGSLEY
WALTERS STUDIO)、スニーカー (SHAKA)、パーカー (スタイリスト
私物)

ゆったりしたビックサイズのアイテムを選ぶのがポイント。カジュアル要素を多くしたコーデのほうが、大人っぽく、垢抜けて見えます。

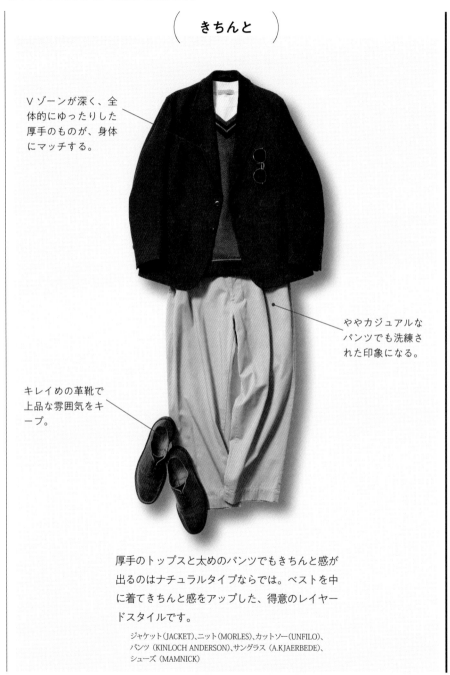

(**きちんと**)

Vゾーンが深く、全体的にゆったりした厚手のものが、身体にマッチする。

ややカジュアルなパンツでも洗練された印象になる。

キレイめの革靴で上品な雰囲気をキープ。

厚手のトップスと太めのパンツでもきちんと感が出るのはナチュラルタイプならでは。ベストを中に着てきちんと感をアップした、得意のレイヤードスタイルです。

ジャケット（JACKET）、ニット（MORLES）、カットソー（UNFILO）、
パンツ（KINLOCH ANDERSON）、サングラス（A.KJAERBEDE）、
シューズ（MAMNICK）

スーツを構成する要素

その人の骨格に合ったスーツを身につけることで、相手に好印象や信頼感を与えます。ですが、スーツは似合う、似合わないだけではなく、シチュエーションに適した着こなしをすることも大切です。スーツに関するルールや背景などの知識を身につけておきましょう。

スーツの色味と生地

　ビジネスシーンにおける男性のスーツの基本カラーは「ダークネイビー（濃紺）」と「チャコールグレー（暗いグレー）」の2色と覚えておきましょう。ビジネスシーンではこの2色のみがビジネスマナーに則ったスーツの色とされています。

　なお、「ブラック（黒）」は礼服の色なので、ビジネスシーンでは本来マナー違反です（女性の場合はブラックもOKです）。

　スーツに使われる生地の基本素材はウールです。最近はウールに化学繊維を混紡することで、シワになりにくく速乾性に優れた機能性素材なども出ています。そのため、働き方によっては、ウール以外の素材を選んでも良いでしょう。

スーツスタイルの基本

　スーツの基本的なスタイルは、「ブリティッシュ」「イタリアン」「アメリカン・トラッド」の3つです。スーツ発祥の地である英国らしい重厚感のある「ブリティッシュ」、やわらかな仕立てで洒落た雰囲気の「イタリアンスタイル」、ゆったりとした仕立ての「アメリカン・トラッド」です。それぞれの国の特徴や個性を反映させているので、それに合わせる靴やバッグも同じ国籍のものを選ぶことが大切なポイントです。スーツはブリティッシュなのに、靴やバッグはイタリアといった国籍をミックスすることは避けましょう。

3つのスタイルの特徴

ブリティッシュ

肩とウエストでかっちりと締め付けたシルエット。
胸の厚みを強調し、男性的な力強さを表現。
やや角張ったショルダーラインに、絞りあり・ポイント高めの
ウエストライン、やや長めの着丈が特徴です。

イタリアン

ヒップラインを強調し、セクシーさを表現できます。
しなやかな生地でやわらかなドレープ感が特徴。
やわらかく丸みを帯びたショルダーライン、絞りありの
ウエストライン、基本の着丈が特徴です。バックやサイドに
ベント（切れ込み）がないため、ヒップが強調されます。

アメリカン・トラッド

着心地を最優先させた絞りのないIラインの
ボックスシルエットで、スポーティでカジュアルな印象。
ナチュラルなショルダーライン、ウエストに絞りがない
ボックスシルエット、基本の着丈が特徴です。

オーダースーツを作るときに 知っておきたい「番手」とは？

骨格診断 アドバイス

　オーダースーツを作るときなどに耳にする「番手」とは、綿・麻・毛といった
紡績糸（スパン糸）の太さを表す単位です。数が大きくなるほど細く繊細な糸に
なります。番手の数字が大きくなるほど高価になり、高番手の糸は繊細なため、
ヘビーユースする普段使いのスーツには向かないと考えます。一方、SUPER○
○'s（スーパー○○）は、原料（繊維）の太さを表し、SUPER80'sから10刻
みでSUPER210'sまであります。数字が大きくなるほど繊維が細くなります。

スーツの柄と デザインのディテール

メンズスーツの基本の柄は「チェック柄」と「ストライプ柄」の2種類。同じ柄でも柄のコントラストや面積によって印象が変わるので、必ず大きな生地を肩に当てて確認しましょう。

チェック柄・その他

まずは、ビジネススーツによく使われる柄について理解しておきましょう。

無地やストライプ柄に比べると、やわらかな雰囲気が感じられるチェック柄。コントラストが大きいチェック柄は、柄の存在感が強く着こなしの難易度が上がってしまいますが、細かいチェック柄でコントラストが控えめなものであれば、派手にならず、さりげないおしゃれ感を演出しつつ、ビジネスシーンでも問題なく使えるでしょう。ストレートは大柄ではっきりしたもの、正統な雰囲気なもの、ウェーブでは柄が細かいもの、コントラストが強くないものが似合います。ナチュラルの人は、存在感が強いチェック柄も似合うので、挑戦してみるのもいいでしょう。

ハウンド・トゥース

ひとつひとつの柄が犬の牙の形をしていることが名前の由来。日本では千鳥格子ともいう。柄が大きければ個性的に、細ければさりげないおしゃれ感が演出できる。

グレン・チェック

グレナカート・チェック、グレナカート・プラッドともいう。ハウンド・トゥースとヘアライン（髪のように細いライン）を組み合わせた柄で、上品で知的な印象。

ウィンドウ・ペン

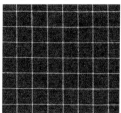

「窓ガラス」の意で、細い線で窓枠のように四角に作られた格子柄。カジュアルでクラシックな印象を併せ持つ上品な柄。

ヘリンボーン

綾織りで作られた模様が魚の骨のような形をしていることから、英語で「ニシンの骨」の意味を持つ模様。厚手のジャケットなどに見られることが多く、クラシカルで上品な印象。

バーズアイ

鳥の目のような細かな模様が並んだクラシックな織柄。主張が強くなく、無地のような感覚で使えるのでビジネスシーン向き。

定番のストライプ

　スーツの定番であるストライプ柄は、ラインの幅や間隔によって印象が変わります。間隔が狭く細いストイライプは繊細な印象、間隔が広く太いストイライプはが力強い印象になります。ストライプが似合うのはストレートやナチュラルタイプの人。ウェーブなら繊細なピンストライプなど間隔が狭いものが似合います。ナチュラルは不規則なストライプも着こなせます。

ピンストライプ

ピンを打ったような細かな点がつながったストライプ。ピンのような細い線という説も。細い線が上品な雰囲気。

ペンシルストライプ

鉛筆で線を引いたような、ピンストライプよりもソフトな印象のストライプ。ラインの主張が強いはっきりとした印象。

チョークストライプ

チョークで引いたような輪郭が少しぼやけた線で構成されるストライプ。ペンシルストライプと同様、はっきりとした印象の柄。

ダブルストライプ

二重線のストライプ。ラインの主張が強いはっきりとした印象。

シャドーストライプ

光の加減によってストライプが浮き出る控えめなストライプ。上品な印象で、着用シーンを問わず汎用性が高い柄。

ヘアラインストライプ

遠目だと無地に見えるが、近くで見ると細いストライプが入っている。オーソドックスでシーンを選ばないストライプ柄。

オルタネイトストライプ

オルタネイトは「交互」という意味で、2種の異なる色のストライプが交互に配されたもの。華やかでおしゃれな印象。

ジャケットの基本

　男性のスーツはパーツごとのデザイン（ディテール）の種類とルールを理解しておくことが大切です。スーツを選ぶときの参考になるよう、スーツの構造を理解し、それぞれのパーツの役割や着こなしのマナーを押さえておきましょう。

　ビジネスにおけるジャケットの定番は「シングルの二つボタン」です。ほかには「シングルの三つボタン」、「ダブルの四つボタン・六つボタン」もあります。シングルの二つボタンの場合、一番上のボタンのみを留めます（女性の場合はすべて留める）。シングルの三つボタンは、中の１つのみ、または上２つを留めます。ダブルの四つボタンや六つボタンの場合は、一番下だけ留めません。座るときにはシワがよってしまうので外し、立つときにさりげなく留めるのがかっこいい大人のスーツスタイルマナーです。

		🙂 Straight	🙂 Wave	🙂 Natural
シングルブレスト（二つボタン）	最もオーソドックスなスタイルで、ビジネススーツの定番。ボタンは上のみを留める	○ 胸板の厚みがあるのでVゾーンは深くシャープなもののほうがバランスが良い	● 胸板の厚みがないのでVゾーンは浅く、身頃が大きくないものが良い	○ 胸板は厚すぎず薄すぎないタイプなのでVゾーンは深くても中程度でも良い（浅すぎるものは×）
シングルブレスト（三つボタン）	一番上のボタンが段返り（飾り）の場合は中１つ、段返りではない場合は上２つを留める	× 3つボタンは必然的にVゾーンが浅くなるので避けたい	○ 3つボタンは必然的にVゾーンが浅くなるので似合う	× 3つボタンは必然的にVゾーンが浅くなるので避けたい
ダブルブレスト	冠婚葬祭で着る地域もある。ボタンは4つと6つがあり、6つのほうがクラシックな印象	○ 胸板の厚い身体に合うアイテムなのでよく似合う。貫禄が出やすい	× 胸板の厚い身体に合うアイテムなので避けたい	○ 胸板の厚みは中程度だが骨格がしっかりしているのでスタイリッシュに着こなせる

ジャケットのディテール

■ラペル・・・

ラペルとはジャケットの下側の襟を指します。先端が下がった「ノッチドラペル」と、先端が上がった「ピークドラペル」などがあります。骨格診断においては、ラペルの幅をストレートタイプは標準、ウェーブタイプは細め、ナチュラルタイプは太めにすると、全体のバランスが取りやすいと考えられています。

ノッチドラペル

ビジネスの定番はコレ。オーソドックスで、どんなシーンにも無難に合わせられる。

ピークドラペル

ダブルのスーツに採用されることが多い。パーティなど華やかなシーン向き。

■サイドポケット・・・

スーツの腰の両側にあるポケットはサイドポケットと呼ばれます。サイドポケットに物を入れるのは NG です。

フラップポケット

雨・埃よけの蓋付きでビジネススーツに取り入れられることが多い。屋内では蓋を中に入れるのがマナー。

パイピングポケット

フラップがなく、切り口を同色の布でふちどりしたデザイン。スッキリとフォーマルな印象。

チェンジポケット

フラップポケットの上にチェンジポケットを付けたデザインで、ブリティッシュスタイルに多い。

パッチポケット

ポケットをスーツに縫い付けたデザインで、カジュアルなジャケットに取り入れられることが多い。

■袖口・・・

スーツの袖口にはボタンが付いていて、ボタンの数は 3 ～ 4 個が基本です。このボタンがただの飾りのものを「開き見せ」、実際に開け閉めできるものを「本切羽」といいます。

開き見せ

袖ボタンやボタンホールが飾りで付けられており、袖口の開閉はできないもの。既製品のスーツに多く見られる。

本切羽

ボタンとボタンホールが付いて、袖口の開閉ができる仕様のもの。オーダースーツに多く見られる。

キッスボタン

開閉できる・できないを問わず、ボタン同士が重なるように取り付けられた仕様。フォーマルなシーンには不向き。

■ベント

動きやすいようにジャケットの裾に入れたスリットのこと。元々、乗馬をするときに窮屈にならないように切れ込みを入れたのが由来のため、タキシードなどフォーマルなジャケットはノーベントになっています。

サイドベンツ

両サイドの裾を割ったベントで、ブリティッシュスタイルに多く見られる。騎士がサーベルを抜く際に裾が邪魔にならないように両脇を開けたことが由来。

センターベント

背中の中央の縫い目の裾が開いたベントで、細身のシルエットに適している。アメリカン・トラッドに多く見られる。

ノーベント

ベントのないタイプ。フォーマルなシーンで着るジャケットはノーベント。ドレッシーな趣があり、イタリアンスタイルに多く見られる。

■裏仕立て

ジャケットの裏地となる部分で、おもに型崩れを防ぐ、滑りを良くする、防寒の役割があります。内側全面に裏地がある「総裏」が基本ですが、暑い季節向けに通気性の良い「背抜き」も採用されています。

総裏

ジャケットの内側全面に裏地を貼ったもの。型崩れを防ぐ、保温性を高めるといった理由から、多くのスーツは総裏仕立てになっている。

背抜き

夏用スーツなどでよく見かける、裏地が背中の上半分のみに付けられたもの。通気性は高いが、背中部分が透けるといったデメリットも。

台場仕上げ

内ポケットの周りにまで表地を伸ばして囲った仕立てのもの。裏地の張替えの際、ポケットを作り直さなくても良いよう施された工夫の1つ。

パンツのディテール

■フロントタック

腰部に入れられたヒダのこと。タックの数が多いほどゆったりとしたシルエットになります。ビジネスの主流はワンタック。タックの数はトレンドがありますが、体型の変化に合わせてタックを増やすなどゆとりを持たせると良いでしょう。

ノータック	ワンタック	ツータック
タックがないデザインで細身なシルエット。カジュアルな印象になる。	タックが左右に1本ずつ入っているもの。一般的に最も多く出回っている。	タックが左右に2本ずつ入っているもの。ノータックと比べるとエレガントな印象。

■裾合わせ

スーツのパンツの裾合わせは「シングル」か「ダブル」の2択です。このほかにシングルの裾のカットの1つで、前が短く後ろが1.5〜2cmほど長い「モーニングカット」もあります。これは冠婚葬祭で着るモーニングコートのパンツなどに見られます。

シングル	ダブル	モーニングカット	ステッチカット
折り返しのない裾でスッキリとした印象。フォーマルなシーン向き。	折り返した裾が特徴。裾の重みでパンツのラインがキレイに見える。	オペラパンプスを履くとき用。前が短く、後ろが1.5〜2cmほど長い。	ジーンズ仕上げともいう。フォーマルな場にはそぐわない。

■ポケット

パンツのポケットには、横に付けられたサイドポケットとお尻に付けられたピスポケットがあります。スーツの型崩れや生地の劣化を防ぐためにも、いずれのポケットにも物を入れるのはNG。ハンカチを入れる程度にとどめましょう。

フォワードセットポケット	バーティカルポケット	フラップ付きポケット	フラップなし
前傾型のポケットで手が入れやすいのが特徴。一般的に多いのはこのタイプのもの。	切り口が垂直のポケット。サイドの縫い線と一体化して立ち姿がスッキリして見える。	蓋付きのポケット。カジュアル感が演出できる。右側のポケットに蓋が付いていないものもある。	ビジネスユースではフラップがないものが一般的。フォーマルなシーンにもおすすめ。

ビジネスシャツの基本

スーツにとってシャツは、なくてはならない下着です。最近はクールビズで半袖のワイシャツも見られますが、ビジネスシーンにおける基本は長袖です。ジャケットを着たときに、袖口からシャツのカフスが1cmほど見えるのが着こなしのマナーです。

パーツの名称を覚えよう

　スーツスタイルの肝となるシャツ。柄やカラー（襟）のデザインにバリエーションがあり、それぞれ与える印象が異なります。シャツを構成するパーツの名称を覚えておきましょう。

　特に、カラーはシャツのイメージを決定づけるものです。さまざまなデザインバリエーションがあり、骨格タイプごとの相性もあります。P162で骨格タイプ別にくわしくご紹介します。

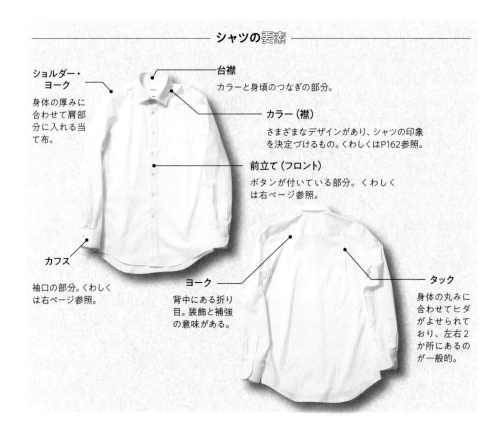

―――― シャツの要素 ――――

ショルダー・ヨーク
身体の厚みに合わせて肩部分に入れる当て布。

台襟
カラーと身頃のつなぎの部分。

カラー（襟）
さまざまなデザインがあり、シャツの印象を決定づけるもの。くわしくはP162参照。

前立て（フロント）
ボタンが付いている部分。くわしくは右ページ参照。

カフス
袖口の部分。くわしくは右ページ参照。

ヨーク
背中にある折り目。装飾と補強の意味がある。

タック
身体の丸みに合わせてヒダがよせられており、左右2か所にあるのが一般的。

シャツの生地と袖

　シャツの素材は綿100%が基本です。最近は、ノーアイロンや形状安定シャツなどの機能性素材も多く出ており、これらは出張時などには重宝しますが、本来はカジュアルなものなので、クラス感を出したいときにはおすすめしません。ジャケットの袖口からシャツのカフスが1cmほどのぞく長袖、胸ポケットなしが基本です。また、シャツの下に下着を着ないのが本来のマナーですが、着る場合にはシャツに透けないものを選ぶようにしましょう。

シャツのディテール

■前立て（フロント） ・・

シャツの前面のボタンが付いている部分。シャツの端が内側に返り、クラシックなスタイルの「フレンチフロント」、端が帯状になった「パネルフロント」などがあります。

フレンチフロント	パネルフロント	フライフロント

被せた側の身頃に縫い目が見えないタイプ。フォーマル、ビジネスシーン問わず使われる。	前立てが表に現れた仕上げで強度に優れている。スタンダードなデザイン。	ボタンが見えない仕様で、タキシード用シャツなどに見られるデザイン。

■カフス ・・・

袖口部分のこと。ジャケットの袖口から1cmほど見える長さが基本です。折り返しのない一重仕立ての「シングルカフス」、袖口が折り返って二重になった「ダブルカフス」があります。

シングルカフス	ダブルカフス
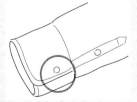	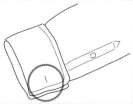
折り返しのない一重仕立てのもので、袖ボタンで留める最も一般的なデザイン。	カフスボタンで留める仕様。フォーマル用のシャツに用いられることが多い。

		Straight	Wave	Natural
レギュラー・セミワイド	襟の開きの角度が75～90°程度のもの。定番の襟型で、やや落ち着いたイメージになる	○ ベーシックなカラーは全タイプ似合う	○ ベーシックなカラーは全タイプ似合う	○ ベーシックなカラーは全タイプ似合う
ワイド	襟の開きの角度が100～140°程度でノーネクタイもOK。着用シーンが幅広い定番の襟型	△ 首の短さが目立つ	○ 縦より横に開くものが似合う	△ 窮屈に見える
ホリゾンタル	襟の開きの角度が水平に近い、個性的でシャープな襟型。ノーネクタイもOK	× オーソドックスなものが似合うので個性の強いものは避けたい	○ 縦より横に開くものが似合う	× 襟の小ささとバランスが取れないので避けたい
タブ	ネクタイを締めたときに襟元に立体感を出すために、左右の襟をつなぐ紐（タブ）がある襟	△ 襟が硬く直線的なものが得意なのでパリッとした質感を残せるものを選ぶと良い	○ 襟の質感がやわらかいものも似合う	△ ピタッとしたアイテムが苦手なので、タブを留めても襟が深く折り曲がらないタイプを選ぶと良い
ピンホール	タブカラーと同じ用途で、穴が開いた左右の襟にピンを通すことで、襟元に立体感を演出する	○ 直線的なもの、金属のアイテムとの相性が良い	○ 光るものとの相性が良い	△ ラフ感が得意なのでパーティなど華やかな席に限定したい

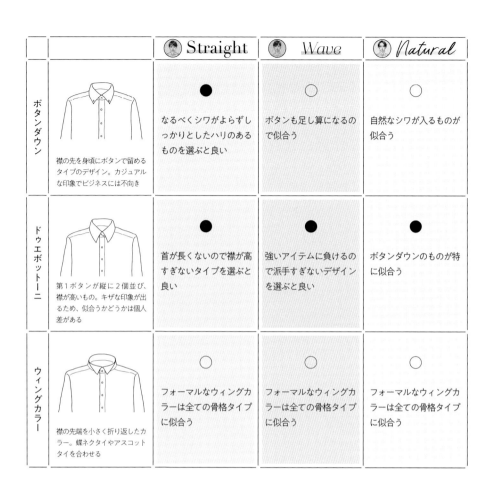

		Straight	Wave	Natural
ボタンダウン	 襟の先を身頃にボタンで留めるタイプのデザイン。カジュアルな印象でビジネスには不向き	● なるべくシワがよらずしっかりとしたハリのあるものを選ぶと良い	○ ボタンも足し算になるので似合う	○ 自然なシワが入るものが似合う
ドゥエボットーニ	 第1ボタンが縦に2個並び、襟が高いもの。キザな印象が出るため、似合うかどうかは個人差がある	● 首が長くないので襟が高すぎないタイプを選ぶと良い	● 強いアイテムに負けるので派手すぎないデザインを選ぶと良い	● ボタンダウンのものが特に似合う
ウィングカラー	 襟の先端を小さく折り返したカラー。蝶ネクタイやアスコットタイを合わせる	○ フォーマルなウィングカラーは全ての骨格タイプに似合う	○ フォーマルなウィングカラーは全ての骨格タイプに似合う	○ フォーマルなウィングカラーは全ての骨格タイプに似合う

骨格診断アドバイス

ビジネスシャツは
白・色もの・柄の3種類を用意しておくと安心

シャツの色や柄はシーンを選ばないスタンダートな白シャツ、似合う色のシャツ、ストライプ柄の３種類があると、コーディネートの幅が広がります。ペンシルストライプ、等間隔で同じ太さの線が並ぶロンドンストライプ、太い線と細い線の一組を平行に配したシックシンストライプは、全ての骨格タイプに似合います。そのほかの柄を選ぶなら、ストレートタイプは、直線かつ細かくない柄を。本来柄ものが得意なナチュラルタイプも、シャツに関しては、ストレートタイプと同じ選び方をするのがおすすめです。ウェーブタイプは、ストライプはもちろん、シャツに良く使われるギンガム・チェックやドット柄も似合います。似合う色については、パーソナルカラー診断などを受けて、自分に合ったものを見つけてみましょう。

ネクタイ・チーフ

スーツを着用したときのVゾーンの印象を大きく左右するのがネクタイです。似合う柄と素材を選んで着こなしを楽しみましょう。ネクタイの柄は骨格タイプ別に得意・不得意がありますが、シーンによってふさわしい柄や締め方があるので、マナーも知っておきましょう。

ネクタイの基本

ネクタイは、Vゾーンを印象づけるアイテムだからこそ、その各パーツの名称や特徴、結び方を押さえておくのが大事です。基本的には、ネクタイは長いとだらしなく、短いと貧相な印象になります。大剣がベルトのバックルにかかるかかからないかくらいの長さに合わせましょう。ベストを着用するなら、ベルトにかかる手前くらいまでの長さにします。

ネクタイの締め方にはさまざまなバリエーションがありますが、おもな結び方は下記の4タイプです。ノットの大きさ・形

ノット
結び目の部分。カラーの開きの大きさに合わせるのが基本。

ディンプル
結び目の下に作るくぼみ。

大剣
結んだときに表側に来る太いほうの剣先。幅は8〜9cmが一般的。

小剣
裏側に来る細いほうの剣先。

の違いがあるので、カラーの開き具合に合わせて使い分けましょう。ネクタイの幅はスーツのジャケットのラペルの幅に合わせるといいでしょう。ちなみに、ネクタイの結び目の下に作るディンプルは、ネクタイを立体的に見せて、胸元に華やかさを演出しますが、弔辞の席やクライアント先への謝罪時には作らないのがマナーです。

シングルノット（プレーンノット）

基本の結び方。レギュラーカラーとの相性も良く、あらゆるシーンで活用できる結び方。

ダブルノット

プレーンノットの巻き付けを二重にした結び方。ノットが大きく、縦長の結び目になる。

セミウィンザーノット

ウィンザーノットよりやや結び目が小さく、正三角形に近いほどよい大きさのノット。

ウィンザーノット

オーソドックスなブリティッシュスタイルの結び方。ボリュームがあり、襟の開きが大きいシャツと好相性。

ネクタイの生地と見た目が選ぶときの大事なポイント

　無地のネクタイはどの骨格タイプにも似合いますが、そのときも意識すべきはネクタイの素材です。ストレートなら、高級感のある素材のもの、ウェーブはツヤ感がある素材のもの、ナチュラルならザラッとした表面のものを選ぶと良いでしょう。

　骨格診断では、見た目の特徴の違いから、ネクタイを3つの分類に分けて考えています。生地の柄を織物で表現した「織り柄」、布の状態に柄をプリントした「プリント」、編み地で作られた「ニット」です。織り柄はクラシカルで正統派な印象、プリントは華やかさがあり、ニットは素材そのものの凹凸感が感じられるカジュアルな印象です。織り柄、プリントはシーンを選ばずに使えますが、ニットはカジュアルな印象が強く、フォーマルなシーンには不向きです。

		⊛ Straight	⊛ Wave	⊛ Natural
織り柄	糸の織り方を変えることで柄を表現した生地。繊細な作りで上質な印象	○ 高級感のある織柄は全ての骨格タイプに似合う	○ 高級感のある織柄は全ての骨格タイプに似合う	○ 高級感のある織柄は全ての骨格タイプに似合う
プリント	細かい柄や曲線、深みのある色も繊細に表現できるのが特徴。多くのネクタイがこの製法	× 身体の存在感のバランスと合わない。高級感のあるものが似合うのでプリントより織柄のほうが似合う	○ 細かい柄のものが似合う	× 素材に凸凹があるものが似合うのでプリントより織柄のほうが似合う
ニット	編み地素材で作られたカジュアルな印象。ウール、コットンなどが代表的な素材	× 身体の存在感のバランスと合わない。高級感がありオーソドックスなものが似合うのでニットは避けたい	× 子どもっぽい印象になりがちなので避けたい	○ ナチュラルな風合いがとてもよく似合う

		☺ Straight	☺ Wave	☺ Natural
ソリッド	無地のこと。フォーマルからビジネスまでシーンを選ばずに使える	○ 全ての骨格タイプに似合う	○ 全ての骨格タイプに似合う	○ 全ての骨格タイプに似合う
ストライプ	右上がり（右綾）はイギリス式。左上がり（左綾）はアメリカ式。フォーマルなシーンでは不向き	○ 直線的なものが得意。シックでオーソドックスなものが似合う	△ 色のコントラストが強すぎないタイプを選ぶと良い	△ 不規則なストライプを選ぶと良い
小紋	花柄ひし形、紋章など小さなモチーフが並んだ柄のこと。シーンを選ばずに使える	● 角型の柄のものを選ぶと良い	○ 細かい柄が似合う	△ 柄が小さすぎないものを選ぶと良い
チェック	親しみやすさを演出できるが、カジュアルな印象を与えるのでシーンを選ぶ	× カジュアルな印象になるので避けたい	○ 柄が強すぎないものが似合う。ギンガム・チェックも似合う	△ バーバリー・チェックなど、大きく大胆なチェックを選ぶと良い
ドット	水玉模様のこと。水玉が小さいとドレッシーな印象、大きいとカジュアルな印象に	△ ドットが大きすぎず小さすぎずベーシックなものを選ぶと良い	○ ドットが小さいタイプが似合う	× 大きめの織柄のドット（シャドウドット）であれば似合う

大事なときにはポケットチーフを

　ジャケットの胸ポケットに入れることで華やかに見せるポケットチーフ。**基本の４パターンの折り方を覚えておくと、どんなシーンにも合わせられます。**ビジネスシーンの場合は、コットン素材でスクエア折りが向いています。ちなみに、スクエア折りは、ビジネスからフォーマル、パーティまでオールマイティに使える折り方。スリーピークス、パフ、クラッシュは、カジュアルな会やパーティ向けの折り方です。

　礼装用の場合は白で、日中はリネン、夜はシルクを選びます。そこまでかしこまった席でなければ色物を使ってもいいでしょう。色はシャツと同系色が無難です。

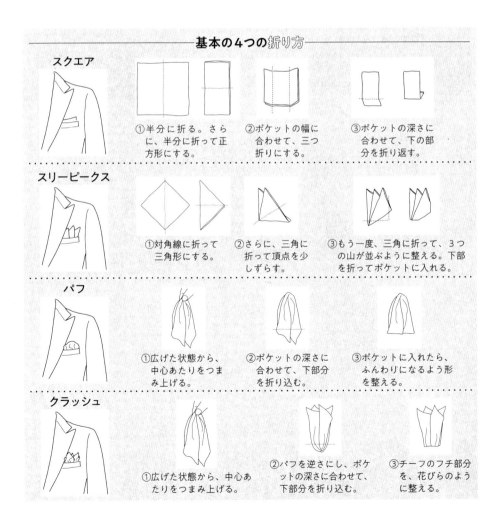

基本の4つの折り方

スクエア

①半分に折る。さらに、半分に折って正方形にする。

②ポケットの幅に合わせて、三つ折りにする。

③ポケットの深さに合わせて、下の部分を折り返す。

スリーピークス

①対角線に折って三角形にする。

②さらに、三角に折って頂点を少しずらす。

③もう一度、三角に折って、3つの山が並ぶように整える。下部を折ってポケットに入れる。

パフ

①広げた状態から、中心あたりをつまみ上げる。

②ポケットの深さに合わせて、下部分を折り込む。

③ポケットに入れたら、ふんわりになるよう形を整える。

クラッシュ

①広げた状態から、中心あたりをつまみ上げる。

②パフを逆さにし、ポケットの深さに合わせて、下部分を折り込む。

③チーフのフチ部分を、花びらのように整える。

スーツのベストコーデ

men

(Straight)

肩のラインが合う、ジャストサイズのものを選ぶと良い。

ノータックまたはワンタックがおすすめ。裾はスッキリ見えるシングルで。

オーソドックスなシルエットで王道スーツが似合うタイプ。ストライプのネクタイときちんとした入れ方のチーフが、クラス感をより演出してくれます。

スーツ（Savile Row）、タイ（MORLES）、そのほか（スタイリスト私物）

(*Wave*)

細身のシルエットを活かせるノータックがおすすめ。

3つのタイプを比較して、違いをチェックしてみましょう。わずかな差でも似合うスーツを身につければ魅力や信頼感がアップします。

(Natural)

狭いラペル、ウエストシェイプのあるものを選ぶとスタイルアップする。ジャケット・パンツともに細身が良いが、ビジネスシーンで不自然にならないくらいのものを選ぶのがポイント。

やや大きめで、ウエストシェイプがないジャケットも似合う。

腰骨がしっかりあるため、ワンタックかツータックが良い。

わずかにコンパクトで細身のシルエットと少し高い位置にあるウエストが、スタイリッシュな体型の魅力を引き出します。ふわりと入れたチーフをアクセントに。

全体的にゆったりとした大きめのシルエットと長い丈、太いパンツでもだらしなく見えないのがナチュラルの良さ。チーフと特徴的な柄のネクタイで華やかに。

^{men} ビジネスカジュアルのベストコーデ

(Straight)

(*Wave*)

飾りのないスタン
ダードなデザイン
のものが良い。

Uチップの革靴のかっ
ちりとした雰囲気が
似合う。

ハリがある素材感のジャケットにキレイ
めのニットを合わせたシンプルなコーデ
ィネートが、存在感のある身体とベスト
マッチ。

Tシャツ（Goodwear）、パンツ（uniform experiment）、シュー
ズ（Trading Post）、そのほか（スタイリスト私物）

スエードの質感がウェーブタイ
プにぴったり。アクセントが付
いたものでスタイリッシュに。

ビジネスカジュアルはキレイめのジャケパンスタイルが基本。それぞれ得意アイテムのトップス
を中に着て、ほどよいカジュアルダウンを意識しましょう。

(Natural)

小さめの襟と細かい柄のシャ
ツが得意。無地のジャケット
と合わせれば、ビジネスシー
ンにぴったりな派手すぎない
コーデに。

大きめのジャケ
ットに得意のハ
イネックを合
わせて、大人の
おしゃれさを演
出。

大きく丸い形のプレー
ントゥの革靴を選ぶと
良い。

やわらかい素材感のジャ
ケット＆パンツに、ギンガ
ム・チェックの柄シャツで
足し算を。スエードの
シューズが、よりソフトな
印象を演出してくれます。

ジャケット、パンツ、シャツ（すべて
SOPHNET.）、シューズ（FERRANTE）、
メガネ（Yin Year）

大きめシルエットのジャケットにチェッ
ク柄のパンツを合わせて、こなれた雰囲
気に。革のシューズできちんと感を出せ
ば、上品にまとまります。

ジャケット、パンツ（ともに MORLES）、シューズ
（Crockett&Jones）、タートルネックカットソー（スタイリス
ト私物）

骨格診断アドバイザーとして
男性をスタイリングするときの注意点

　多くの女性にとってポジティブなイメージとして受け取られる「華奢ですね」「身体が薄いですね」「腕が細いですね」といった言葉は、男性にとってはネガティブなイメージとして受け取られることも。お客様を傷つけることがないよう、どんな言葉選びをすればいいのかを事前に確認しておくのがベストです。男性向けファッション雑誌をチェックしたり、周りの男性にリサーチしてみたりしましょう。

　また、男性は女性に比べて「着太り」「着痩せ」などには関心が薄い一方で、「頼もしく見える」「たくましく見える」「かっこよく見える」といった言葉をプラスとして受け取ることが多いようです。男性のファッションアイテムは女性に比べて種類が少なく、デザインによる「得意」「不得意」の差は小さいものの、骨格診断メソッドを使えば、その人の魅力を引き出せます。デザインだけでなく、素材感やサイズを意識した提案ができると、きっと喜んでもらえるでしょう。

part 4

骨格診断×
ウェディング

人生最大の晴れ舞台の1つといっていい結婚式。似合うドレスや小物を身にまとって、史上最高の自分になりましょう。招待された場合も、似合うアイテムを華やかに着こなしましょう。

タイプ別に似合う
ウェディングドレスってどんなもの？

結婚式は人生で最も大きなイベントの1つ。誰もが、最高に美しい姿で迎えたいと望んでいることでしょう。そこで重要になってくるのが、ドレス選び。骨格診断で得意・苦手のポイントを押さえることで、自分が一番輝くドレスを選べます。

ドレスは日常着とは違う観点で選ぶこともある

　ウェディングドレスは、日常で着る服よりも存在感が大きいため、骨格タイプがより強く影響してきます。また、場合によっては、普段着とは異なる選び方をすることもあります。

　例えばストレートタイプの場合、身体つきに存在感があるから、シンプルな服を選ぶとバランスが良いとこれまで説明してきました。しかし、ドレスの場合は、逆に存在感のある身体を活かして、あえてゴージャスなドレスを合わせるととても華やかになります。ウェーブの場合は、日常着よりも素材感にこだわり、装飾を多くするなど足し算を意識しましょう。ナチュラルの場合は、日常着と同じように比較的苦手なものが少ないので、幅広く選ぶことができます。

　また、挙式を行う会場の規模感、雰囲気とまったく合わないドレスは違和感が出ます。ゴージャスな式場には、豪華で華やかなドレス、ガーデンウェディングなら軽やかなドレスなど、雰囲気に合わせた方向性を最初に決めると良いでしょう。そのうえで、骨格タイプに合うドレスを選ぶのがベストです。ただし、式の間近（3〜4ヶ月前）に行くと、選べるドレスの種類が少なくなります。式の1年前にドレスショップに行けば、数がたくさんあるので最適なドレスを選ぶことができます。余裕を持ってスケジュールを立てましょう。

ドレスを決めるときの流れ

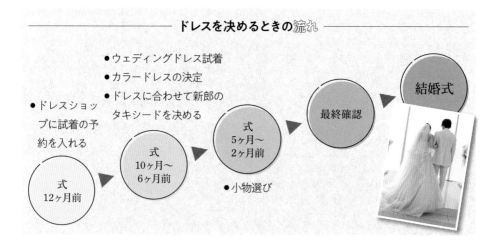

- ●ドレスショップに試着の予約を入れる

式
12ヶ月前

- ●ウェディングドレス試着
- ●カラードレスの決定
- ●ドレスに合わせて新郎のタキシードを決める

式
10ヶ月〜
6ヶ月前

式
5ヶ月〜
2ヶ月前

- ●小物選び

最終確認

結婚式

タイプ別ウェディングにおけるキーワード

Straight

ゴージャス
ロイヤルウェディングなどで使われている正統派のデザインや生地が良いものを使った豪華なドレスがおすすめ。

ノーブル
ストレートの高貴な魅力を引き出すノーブルなドレスが似合います。上半身を見せるデザインで、さらにスタイルアップを。

クラス感
厚みのあるシルク、サテン、タフタなど重厚感のある素材で、細かくレースが入っているドレスが良いでしょう。レースは透けないものを選ぶのがポイント。

Wave

フェミニン
華奢な身体つきを活かした、優しく、華やかな雰囲気のデザインのものを選ぶのがコツ。もともとウエストがくびれているので、そこを強調するドレスでスタイルアップしましょう。

デコラティブ
胸元にフリルやレースをあしらったもので華やかに演出します。スカート部分はやわらかい素材をたくさん重ねて、ボリュームを出したものが◎。

ソフト
ソフトチュールやオーガンジー、シフォンなど、優しく軽やかな素材のアイテムで足し算をしましょう。

Natural

似合うイメージの幅が広い
日常着と同じように、似合わないものが少ないタイプです。特にエンパイアドレスは、ナチュラルだからこそ似合うものの代表格です。

モード
大胆で大人モードなドレスを着こなせる人が多いです。スタイリッシュな身体の魅力を引き出せます。

ガーリー
ガーデンウェディングのような結婚式なら、森の中が似合う妖精っぽさが出るようなドレスも似合います。

ドレスライン

使われている素材も要チェック

　ウェディングドレスは、先ほど解説した似合うドレスのイメージだけでなく、似合う素材を選ぶことも大事です。定番のシルクは、光沢がやわらかく上品で、格調高い印象を与えます。豊かな光沢となめらかな手触りを求めるなら、サテンがおすすめ。どんな骨格の人にも似合う素材です。同じく、骨格を問わずに選べる素材がタフタです。光沢が描く陰影が美しい生地で、軽くて動きやすいというメリットもあります。透明感のあるオーガンジーやシフォンなどもよく使われます。

		Straight	Wave	Natural
プリンセスライン ドレスのスカート部分がウエストラインから裾に向かって大きく膨らんだデザイン		○ 素材に厚みとハリがあり、ゴージャスなものが似合う。上半身はシンプルなデザインを選ぶと良い	○ ハイウエストで軽やかな素材のものが似合う。また、フリル、装飾が多いものを選ぶと良い	○ ドレープ感があり、素材にボリュームがあるものが似合う
Aライン 上部が小さく、アルファベットのAの形のように裾に向かって広がるシルエットが特徴		○ ハリがありしっかりとした素材、正統派でゴージャス感のある素材とデザインが似合う	○ やわらかい素材や光る素材が使われているものが似合う	○ 硬さのある素材でシンプルなものが似合う
ベルライン 釣鐘の形をしたドレス。ウエストラインから腰まわりがふっくらと丸く広がったデザイン		△ 腰まわりの膨らみがなるべく目立たないようなデザインや、得意な素材感で選ぶ	○ 腰まわりにボリュームが出るデザインが得意	× 人工的に作り込んだ感じが苦手

		ⓢ Straight	ⓦ Wave	ⓝ Natural
マーメイドライン	全体的に身体に密着し、膝下あたりからフレアなどが入り、尾びれのように広がっているもの	○ ハリ感があり、膝までがタイトなラインで膝から下がフレア状に広がるデザインが似合う	○ シンプルにならないよう装飾が多いものや透ける素材を使ったものなどが似合う	○ 素材自体にある程度立体感があり、裾が広がるデザインが得意
スレンダーライン	スカートにボリュームのない、スッキリとした細身のシルエットが特徴	○ 裾までストンとIラインを描く、シンプルなデザインを選ぶと良い	× 寂しい印象になりやすいので苦手	○ 落ち感があるデザインが得意
エンパイアライン	胸下からの切り替えで、比較的ストンと落ちる直線的なシルエットが多い	× 身体の厚みがある部分だけを拾ってボディラインが隠れるので着太りして見える	△ シンプルなデザインが苦手なので、装飾があり、ふんわりとしたデザインのものを選ぶと良い	○ バスト下の切り替えからストンと落ちるものが似合う

骨格診断
アドバイス

和装のときは何を選ぶと良い？

　和装のときは、柄の大きさが、骨格タイプ別に似合うものを見つけるときのポイントになります。ストレートタイプは、派手な柄でも似合います。コントラストが強い大きめの柄のものを選んでも、印象負けしません。細かすぎる柄を選ぶと、着太りして見える要因になるので、避けたほうが良いでしょう。ウェーブタイプはストレートタイプの反対。柄のコントラストがソフトで、柄が大きすぎないものが似合います。もし、柄が大きいものを着たいなら、なるべくソフトな印象のものを選びましょう。ナチュラルタイプは、コントラストが強すぎるものと細かすぎる柄を避ければ、ドレスと同様、似合うもののイメージが幅広いです。

ドレスのおもな装飾

似合う装飾を知れば、ドレス選びがラクに！

　ドレスラインは骨格に合ったものを選んでいるのに、**着てみるとなんだかしっくりこない……**というときは、ドレスの装飾に理由がある可能性があります。ドレスの装飾は、全体の印象を決める部分でもあるので、自分に似合うものを知っておくと、一般的に試着の回数に限りがあるドレス選びの際にとっても役立ちます。

　どうしても、**苦手な装飾を取り入れたいときは、下半身部分や後ろに持ってくる、または小さいものにする**といった一工夫をすると良いでしょう。

		ⓢ Straight	ⓦ Wave	ⓝ Natural
フリル	何重にも重ねてボリュームを出したもの、大きなフリルを複数枚重ねたものなど、さまざま	△ 着太りして見えやすい。選ぶときは、大きめでゴージャスな印象のものなどを選ぶと良い	○ ふんわりとした装飾が得意	● 小さいフリルは苦手。大きく大胆なフリルが良い
リボン	ドレスに付くリボンだけでなく、ウエスト部分に巻き付けて結ぶタイプのリボンなどもある	△ 着太りして見えやすい。選ぶときは、大きめでゴージャスな印象のものなどを選ぶと良い	○ ふんわりとした装飾が得意	● 小さいリボンは苦手。大きく大胆なものが良い
花	お花畑のようなもの、大きな花が目立つもの、スカート部分のみなど、多数のデザインがある	△ 着太りして見えやすいので苦手	○ かわいいモチーフや小花が得意	● 野花を散らしたようなものや、大きく大胆な花が良い

		ⓢ Straight	ⓦ Wave	ⓝ Natural
レース	糸を使って透かし模様にしたものの総称。総レースのドレスなどもある	◯ 透け感がなく、厚みがあるノーブルなレースが似合う	◯ 軽やかで透け感があり、華奢なレースが似合う	◯ 大きめで凹凸があるレースが似合う
刺繍	布の上に針や糸、装飾材料などを使って装飾をする。使う糸によって装飾の質感や色が変わる	◯ シンプルで高級感があるものを選ぶ	△ ベースの生地に装飾を足している分、厚みが出て重々しくなるので苦手	◯ 柄が大胆、厚みがある、立体的など独特な雰囲気のあるものが得意。インポートによく見られる
ビーディング	ビーズに糸を通して留めたり編んだりする技法の総称。上品な輝きがエレガントな印象になる	◯ 元の生地が地厚でゴージャス感があるものが得意	△ 地厚な生地が苦手かつ、ビーディングでビスチェが身体から浮きやすいので苦手	◯ 元の生地が地厚でゴージャス感があるものが得意
ファー飾り	自然の羽や毛皮を模造して作ったものが多い。一般的に、冬シーズンの結婚式で着用される	△ 着太りして見えやすいので苦手	◯ ふわふわしたもの、やわらかいものが得意	● 小さい面積のファーは苦手。大きく大胆なものが良い

ドレスショップ選びの基本

骨格診断アドバイス

　基本的には、結婚式場が提携しているドレスショップを紹介されます。複数提携しているところもあれば、1店舗のみの場合もあります。ドレスにこだわりがある場合、たくさんのタイプから選びたい場合は、式場を決めるときに提携のショップも確認すると良いでしょう。

ヴェール・グローブ

ドレス姿をさらに美しく見せる小物の選び方

花嫁の印象は身につける小物でも変わります。また、それぞれの小物には意味があります。

ベールは邪悪なものから花嫁の身を守るための魔除けのほか、母親の愛情の象徴といわれています。よく使われる素材には、ソフトチュール、シフォン、シルクがあり、基本的にはどの骨格タイプも似合います。グローブは肌を隠すことで、花嫁が純粋無垢であることを表すもの。ヴェール、グローブの長さが骨格診断におけるポイントです。ショート、ミディアム、ロングと3つに分けて考えると良いでしょう。素材は、ドレスの素材感に合わせて選ぶと良いです。

		Straight	Wave	Natural
ヴェール ロング	床につく以上の長さのもの	○ 全ての骨格タイプに似合う。素材感やディティールで選ぶ	○ 全ての骨格タイプに似合う。素材感やディティールで選ぶ	○ 全ての骨格タイプに似合う。素材感やディティールで選ぶ
ヴェール ミディアム	腰からヒップくらいまでの長さのもの	× 上重心が強調されるので避けたい	○ バランスが取れるので似合う	× コンパクトなものは、骨っぽさが目立つため苦手。長いものが得意なので避けたい
ヴェール ショート	肘や二の腕くらいまである長さのもの	× 上重心が強調されるので避けたい	○ 重心が上がりバランスが取れるので似合う	× コンパクトなものは、骨っぽさが目立つため苦手。長いものが得意なので避けたい

		👤 Straight	👤 Wave	👤 Natural
マリアベール ベールを折り畳まずに、そのまま被り、顔を隠さないタイプのもの		× 顔周りはスッキリさせたいので苦手	○ 繊細で華やかなものが似合う	× 顔周りに繊細な素材感が来るので苦手
グローブ ショート 手首あたりまでの長さのもの。リボンなど飾りがついているものが多い。18～20cm程度		● サテンまたは高級感のあるレース素材のものが良い	○ オーガンジーや透けるレースなど繊細でデザイン性のあるものが似合う	○ サテンまたは粗めで立体的なレースのシンプルなものが似合う
グローブ ミディアム 肘よりも短い長さ（肘下丈）のもの。肘下ロングということもある。40～45cm程度		○ サテンなどシンプルなものが似合う	○ オーガンジーや透けるレースなど繊細な素材のものが似合う	● サテンまたはレースの長めでシンプルなものを選ぶと良い
グローブ ロング 肘の上まである（肘上丈）ロングタイプのもの。50～70cm程度		● サテンなどシンプルで長すぎないものを選ぶと良い	○ オーガンジーや透けるレースなど繊細な素材のものが似合う	○ サテンなどシンプルなものが似合う

ヘッド**の**装飾

似合うヘアスタイルとマッチするものを選ぶ

　ウェディングにおいても、似合うヘアスタイルの基本はP122と同じ。ウェディングはより華やかなヘアスタイルが主流なので、つけたいアクセサリーを先に決める人も多いようです。ストレートタイプは、クラス感があるもの、またはゴージャス感のあるものが似合います。ウェーブタイプは、ゴージャスすぎる装飾は印象負けしてしまうので、軽やかなアイテムで華やかに演出しましょう。ナチュラルタイプは、基本的になんでも似合いますが、個性的なものをつけると、より良さが際立ちます。

		ⓐ Straight	ⓑ Wave	ⓒ Natural
ティアラ	宝石を散りばめた華やかなもの、ビーズをあしらった繊細なものなど、デザインはさまざま	○ 王道の存在感があるものを選ぶと良い	○ 小ぶりで華奢なものを選ぶと良い	○ 個性的なものだと、より似合う
クラウン	王冠のこと。ティアラと違って、クラウンは筒状になったデザインのこと指す	△ 身体の存在感が目立ってしまう傾向なので苦手	○ 可愛らしいイメージが得意	△ 小ぶりなものは、アンバランスな印象になりがちなので苦手
カチューシャ	紐状で頭を巻くように着けるものや、頭の後ろに垂らすバックカチューシャなどがある	○ アップスタイルで使うと良い	○ 華奢なものを選ぶ	○ 個性的なものだと、より似合う

		👤 Straight	👤 Wave	👤 Natural
ボンネ	 カチューシャより幅が広く、バレッタより存在感があるのが特徴。つける位置で印象が変わる	○ 存在感があるものを選ぶと良い	○ 華奢で装飾があるものを選ぶと良い	○ ある程度の大きさがあるものを選ぶと良い
花	 生花、プリザーブドフラワー、ドライフラワーを使ったもの。花冠として取り入れることも	○ 存在感があり、ゴージャスなイメージが得意	○ 小ぶりな花が似合う	○ 大きい花も小ぶりな花も似合う
フェザー	 白いフェイクフェザーで作られるものが主流。ほかのヘッドドレスにプラスされることもある	△ アイテムの存在感が軽いため、身体の存在感とアンバランスな印象になる	○ ふわふわしたやわらかいものが得意	○ 大きなフェザーが似合う

骨格診断
アドバイス

結婚式のアクセサリーも似合うものを選びたい！

　ウェディングのアクセサリーも、似合う・似合わないのポイントは普段のファッションと同じです。ウェディングドレスや結婚式当日のスタイルをイメージしながら、P89〜P97で紹介したアクセサリーの素材や長さ、アイテムなどを参考に選びましょう。ストレートタイプは、正統派で本物のジュエリーでクラス感をより演出してあげましょう。ウェーブタイプは、華奢なものや重ね付けが得意。本物を模して作られたイミテーションも似合います。ナチュラルタイプは、大ぶりで個性的な素材感があるもので、魅力を引き出すと良いでしょう。

新郎にとっても
ウェディングは晴れの日！

ウェディングは新婦と新郎2人のバランスが大事。女性のほうがドレスのデザインの幅が広いため、男性のセレモニースーツは女性のドレスのあとで決めることも多いようです。女性のドレスとマッチするもの、また自身の骨格タイプに似合うものを選びましょう。

セレモニースーツは大きく分けて3種類

　男性が結婚式で着用するセレモニースーツは、大きく3種類に分けられます。最も格式が高いのは、正礼装。続いて準礼装、最もラフなのが略礼装となります。さらに、正礼装と準礼装は、時間によって着こなしが変わります。昼のビフォア6とそれ以降のアフター6で分けて考えると良いでしょう。

　正礼装は昼はモーニングコート、夜はイブニングコート（燕尾服）を指します。ただ、最近は新郎より花嫁の父が着用する場合が多いようです。準礼装は昼はディレクターズスーツ（ブラックスーツ）、夜はタキシード（ディナースーツ）といわれてきましたが、最近の結婚式では、行われる時間帯にかかわらず、タキシードが選ばれる傾向にあります。

日本の結婚式は独自の文化が多い

骨格診断
アドバイス

　本来、結婚式はプロトコール（国際儀礼。国交における儀礼上の正解共通ルール）のドレスコードに準じた服装が正しいとされていました。しかし、日本の結婚式は独自のルールがたくさん生まれていて、プロトコールに準じないものがたくさんあります。先ほど説明した新郎がタキシードを昼に着用する……というのも、プロトコール上だとNGになります。また、日本では、夜用のイブニングコートも時間問わず着てOKという風潮になっています。ちなみに、セレモニースーツのジャケットの長さに違いがあるのも日本独自の文化です。海外ウェディングや海外でパーティに参加するなら、プロトコールのドレスコードを確認しておくと安心です。

最適なセレモニースーツの選び方とは

　骨格を考えたときに最も着目するべきは、ジャケットの長さです。元々ストレートタイプは重心が高いため、ショート丈は全身のバランスが取りにくいです。ミディアムやロングがおすすめです。反対に、ウェーブタイプの場合は、ロング丈を避けると良いでしょう。ショートのジャケットは個性的ではありますが、ウェーブの人は重心が下になりがちなので、上半身にポイントを持ってくることでスタイル良く見せられます。ナチュラルタイプの場合は、ロングまたはミディアムが良いでしょう。

		🙂 Straight	🙂 Wave	🙂 Natural
ショートジャケット	ヒップラインよりも上の丈を指す。カジュアルな印象を与えやすいのが特徴	✕ 上重心が強調されすぎてバランスが良くないので避けたい	◯ 重心が上がりバランスが取れるので似合う	✕ 短いアイテムが苦手なので避けたい
ミディアムジャケット	スタンダードな丈を指す。流行に左右されないデザインのものが多い	◯ オーソドックスな丈なので似合う	◯ オーソドックスな丈なので似合う	◯ オーソドックスな丈なので似合う
ロングジャケット	ヒップラインが完全に隠れる長さのものから膝あたりのものまで、丈はさまざま	◯ 上重心が緩和されてバランスが良いので似合う	✕ 下重心が強調されるので避けたい	◯ 長いものが似合う

結婚式に
招待されたときのベストコーデ

自分に似合う服装を選ぶのも大切ですが、それ以上に大切なのは TPO に合わせること。特に結婚式は、主役の二人や親族に失礼のない装いが大切です。注意すべきことを確認しつつ、骨格に合ったコーディネートを選びましょう。

TPO & 似合うアイテムで華やかに

結婚式に出席するときは、お祝いの気持ちを表すために華やかに装うのがマナー。ただし、**主役の色である白を身につけたり、目立つ衣装を着たりするのは NG** です。だからといって、全身真っ黒にするのは華やかさにかけます。バッグやアクセサリー、靴などで華やかさをプラスすると良いでしょう。昼の披露宴とチャペルの中で、**ノースリーブのワンピースなどを着るときは、必ず羽織ものを合わせます**。

結婚式を挙げるときは、会場の規模や雰囲気に合わせてドレスを選ぶことが重要ですが、それは招待される側でも同様。挙式のタイプ、新郎新婦の趣味や人柄も考慮して選べると良いですね。

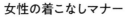

女性の着こなしマナー

ドレス

結婚式が昼間に行われるときは、肌を露出するのはマナー違反。胸元や背中が見えるドレスやノースリーブの服を着る場合は、ストールなどを羽織って肌を覆いましょう。

ヘアスタイル

髪型は比較的自由ですが、ティアラや生花は花嫁のものなのでつけないように。輝きが強いアクセサリーをつけるのも、目立ちすぎてしまうので避けたほうが良いです。

メイク

メイクも服と同じように、華やかでいながら上品さと清潔さを意識するのが大切です。また、ノーメイクもマナー違反になります。

アクセサリー

昼間の場合は、輝きの強いものは避け、パールなど控えめなアクセサリーを選びます。一方、夜に行われる場合は、ジュエリーやラインストーンで華やかに装うのが正解。

ストッキング

暑い時期でも、素足はマナー違反。黒いストッキングも弔事を連想させるので、良くありません。タイツや靴下もカジュアルすぎるので避けましょう。

靴

昼は輝きの強いものを避けますが、夜は逆に輝きのあるものを選びましょう。つま先やかかとの開いたデザインの靴は、ドレスに合っていてもマナー違反です。

NG！

革製品や毛皮

革製品や毛皮、ファーなどは殺生を連想させるので冠婚葬祭の場では避けて。同様の理由で、アニマル柄も避けたほうが良いでしょう。羽織ものや小物でも避けます。

肌を露出した服

昼間に行われる式や披露宴、夜に行われる式は肌見せ NG！ 必ず羽織ものを用意しましょう。ただし、夜の披露宴は肌を見せても OK とされています。

男性はスーツを基本に華やかさをプラス

　新郎は白や明るいシルバーグレーのスーツを選ぶことがありますが、招待客の場合は主役を引き立てるダークカラーのスーツを選びましょう。できれば、ビジネスシーンで着ているスーツではなく、**式典用のシックなジャケット、ベスト、スラックスの３つ揃え**を用意しておくのが理想です。特にベストは着用するだけでフォーマル感がアップするので、ぜひ持っておきたいアイテムです。

　カジュアル感が強いものや目立つ柄のもの、仕事で長年使っているようなスーツは避けましょう。普段使いの小物ではなく、光沢のあるシルバーグレーやパステルカラーなど明るい色のネクタイをつけたり、ポケットチーフを入れたり、カフスボタンをつけたりして、華やかに演出しましょう。ポケットチーフは、シルクや麻素材の白がベストです。P167で紹介した折り方ができれば安心です。

男性の着こなしマナー

スーツ

チャコールグレーやダークネイビーのダークスーツが基本。目立たないストライプ柄が入ったものもOKです。主役の色である白や派手な色は避けましょう。ベストを合わせるとフォーマル感がアップします。

シャツ

白の無地が基本。同系色の織柄入りも問題ありません。カジュアルな式なら、パステルカラーのシャツを着用しても問題ありません。襟はレギュラーカラー、ワイドカラー、ウイングカラーがおすすめです。

ネクタイ

光沢のあるシルバーグレーや細かい白黒のストライプ、細かいドット柄がおすすめ。カジュアルな式なら、パステルカラーのネクタイを選んでもOKです。蝶ネクタイをつけるのも特別感が出ますが、白は避けましょう。

靴・靴下

靴は黒が基本。デザインは紐ありの内羽根式がフォーマルです。ストレートチップや装飾がないプレーントゥがおすすめ。靴下は黒か同色のものにしましょう。座っても脚が見えないように、ロング丈やミドル丈を選びます。

NG！

白や黒のネクタイ

白のネクタイは一見OKのように感じますが、親族や年配の方がつけるものとされています。黒色のネクタイは、日本では弔事を連想させるため避けたほうが良いです。

黒やダークカラーのシャツ

黒やネイビー、チャコールグレーなどといった、暗い色合いのシャツはNG。原色系も避けましょう。

(Straight)

ベストなDAY ウェディング お呼ばれ コーディネート

日中のお呼ばれコーデは、肌を見せないのが基本です。骨格に似合うアイテムでまとめつつ、ストールやショールなどの羽織ものを忘れずに。靴やバッグといった小物も似合うものを身につけて、上品＆華やかに演出しましょう。

クラス感のあるレース使いが得意。Iラインシルエットでまとめつつ、カチッとしたクラッチバッグでストレートの存在感との調和を図ります。

ドレス (ROYAL PARTY LABEL)、バッグ、ピアス (ともに ABISTE)、パンプス (DIANA)、ストール (スタイリスト私物)

(Wave)

やわらかく、透け感のあるシースルーの
レースで華やかさを演出します。高い位
置に切り替えがあるドレスで重心を上げ
れば、スタイル良く見せられます。

ボレロセットドレス（ANDRESD）、バッグ（ABISTE）パン
プス（DIANA）、イヤリング（IT Átelier）

(Natural)

下のほうに重さのあるデザインが得意で
す。硬く厚みがあり、地模様のある生地
でも上品なコーディネートになります。
存在感のあるバッグでアクセントを。

ドレス（ANDRESD）、バッグ（PIPATCHARA）、パンプス
（DIANA）、イヤリング（ABISTE）、ストール（スタイリスト
私物）

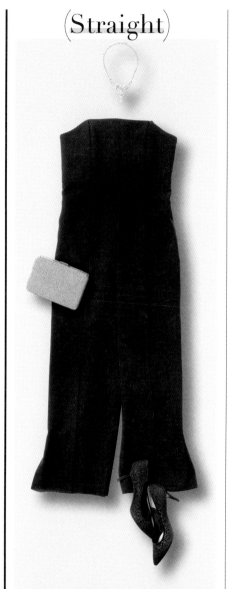

ベストなNIGHT ウェディング お呼ばれ コーディネート

アフター6なら、胸元や背中を露出しても OK ですが、スカートやパンツはロング丈にするのが基本。同じ黒色のドレスで、それぞれの特徴を見てみましょう。ドレスのネックラインや布のボリューム感を意識して選ぶのがポイント。アクセサリー、バッグまで似合うものでまとめれば、骨格タイプに合い、最高に華やかなコーディネートが完成します。

ボディが立体的でバスト位置が高いため、シンプルなビスチェのオールインワンでもクラス感あふれるコーディネートに。キラキラの箱型バッグで非日常感を。

オールインワン（ANDRESD）、バッグ、ネックレス〈イヤリングセット〉（ともに ABISTE）、パンプス（DIANA）

(*Wave*)　(*Natural*)

ティアードスカートや首回りにボリュームを出した足し算コーディネート。小さいバッグも得意です。ハイウエストのデザインで華奢なくびれを強調します。

ブラウス、スカート（ともにOlu.）、バッグ（ABISTE）、パンプス（DIANA）、ピアス（NATURALI JEWELRY）

立体的な地模様のある生地×コクーンシルエットのナチュラルタイプの良さが際立つ最強コーディネート。華やか＆個性的なバッグでおしゃれ感をアップ。

ワンピース（ANDRESD）、バッグ（PIPATCHARA）、パンプス（DIANA）、ピアス（NATURALI JEWELRY）

もっと深くウェディングに関する知識を身につけるには

　骨格診断メソッドを用いて、似合うウェディングドレスの見つけ方をもっとくわしく知りたい！　ドレスのスリーブデザインやネックラインについても理解したい！　と思う人もいるでしょう。

　骨格診断アナリスト協会では「骨格診断ウェディングドレスアナリスト養成講座」を開講しています。この講座では、ウェディングドレスの基本知識を理解するとともに、骨格診断理論の視点から、適切なドレスやドレスアイテムを選ぶための方法を学ぶことができます。本書では、紹介しきれなかったウェディングドレスの歴史や素材についてはもちろん、ウェディングドレスにはかかせない補正下着やパニエについて、痩せ気味やふくよかな人の選び方、バストが大きい人や小さい人向けの選び方など、似合うドレスを見つけるために必要な知識を網羅することができます。

　「着たい」×「似合う」ウェディングドレスに出会うために、参加してみるのも良いでしょう。

part 5

骨格診断を
仕事に活かす

骨格診断は、ファッションを楽しむためのメソッドにとどまらず、さまざまな業界で活用できるビジネススキルでもあります。具体的にどう役立つのか、どのような働き方ができるのか、実例で見てみましょう。

骨格診断を仕事に活かす

骨格診断の知識は、パーソナルスタイリスト、イメージコンサルタント、アパレル販売員、美容師など、ファッションやビューティー関連など、さまざまな分野・仕事において幅広く活用することができます。

どんな仕事に活かせる？

パーソナルスタイリスト

お客様が希望するイメージをもとに、より魅力的に見えるファッションアイテム、コーディネートを提案できる。

イメージコンサルタント

骨格診断の知識を活かして、個人のイメージをコンサルティングできる。くわしくは次ページで。

美容師・ヘアメイク

髪型やメイクに悩んでいるお客様に、より似合う髪型やメイクを提案できる。

アパレル販売員

お客様に本当に似合う服、似合わない服を理論で説明できる。

ボディメイクトレーナー

身体の痩せやすい部分、脂肪がつきやすい部分を理解することで、効率的なトレーニングを提案できる。

ブライダルプランナー

新婦、新郎ともに、最も美しく華やかに見えるウェディングドレスやセレモニースーツ、小物の提案ができる。

→骨格診断を活かして働く人たちの声は P196 から！

イメージコンサルタントは、骨格診断の活用が欠かせない！

　イメージコンサルタントという職業は、お客様の目的に合わせてパーソナルイメージをプロデュースする仕事です。スタイリストとの大きな違いは、スタイリスト＝本人に似合う素敵な洋服を選んであげること。一方のイメージコンサルタントは、服装のみならず、**ヘアスタイルや歩き方、マナーなどさまざまな観点から本人のトータルのイメージを演出するお仕事です。**政治家や経営者だけでなく、SNS などを通じて自己発信したい人、そのほか、仕事で信頼度をアップしたい、営業成績を上げたいといった、ビジネスパーソンにも、イメージコンサルタントの力が求められています。

　イメージコンサルタントは、さまざまな知識や教養が必要とされる職業ですが、**お客様の見た目や印象の魅力を引き出す提案をするために、欠かせないのが骨格診断とパーソナルカラーの知識です。**実際のコンサルティング例は P200 で紹介しています。ぜひ、参考にしてみてください。

パーソナルカラー診断も学んでみよう！

骨格診断アドバイス

　パーソナルカラーは、肌や目、髪の色から似合う色を導き出すメソッド。診断結果は、黄み寄りのイエローベースの「スプリング」と「オータム」、青み寄りのブルーベースの「サマー」と「ウィンター」の4つのタイプに分類されます。似合う色を身につけることで、その人自身を美しく見せることができます。骨格診断とパーソナルカラーの両方の知識があれば、似合うファッションが決まる「カラー」「デザイン」「素材感」の3つの要素を、すべて取り入れたコーディネートができます。

Spring - 春 -
スプリングタイプ
黄みのあるつややかな明るい肌が特徴。明るくフレッシュな色調が似合う。

Summer - 夏 -
サマータイプ
やや青白く、黄みが少ない肌が特徴。さわやかで涼し気げな色調が似合う。

Autumn - 秋 -
オータムタイプ
黄みがかったベージュ系の肌が特徴。深みがあり、リッチ感のある色調が似合う。

Winter - 冬 -
ウィンタータイプ
黄みが少なく、青みがかった肌が特徴。大胆ではっきりした色調が似合う。

パーソナルスタイリスト

河内七映さん　アパレル販売員として勤務後、独立。パーソナルスタイリングサロン「7iro」の運営のほか、オンラインパーソナルスタイリング『DROBE』の社員、パーソナルカラー・骨格診断の講師とマルチに活躍中。Instagram：@7_iro

骨格診断を用いた
スタイリング力が買われてオンライン
パーソナルスタイリングの会社に転職

アパレル販売員としてキャリアを積んできた河内七映さんは、接客に役立てようと骨格診断を学ぶことに。

「似たような身長・体格の人でも、似合うものが違うのはなぜだろうと感じていました。骨格診断のメソッドを身につけてからは『お客様は腰の位置が高いのが特徴で、ハイウエストのパンツだと上半身が詰まって見えてしまうため、ローウエストのパンツがお似合いだと思います』といった具体的なアドバ

イスができるように。論理的な説明で、喜んでいただけることが増えました」

夫の転勤で東京に転居したことがキャリアの転機に。河内さんはフリーランスで販売員を続けながら、自宅サロンを開業。WEB上で服をコーディネートするオンラインスタイリングやファッションのコンサルティングを始めました。やがて、業務委託で仕事をしていた企業から、骨格診断に基づいたスタイリング力を買われて社員へと転身。現在は、オンラインのパーソナルスタイリングサービス『DROBE』を提供する企業の運営側に立ち、サービスを広めるべく奔走しています。

「手頃な価格でたくさんの人にサービスを提供できるのが企業の強み。世の中の多くの人に、パーソナルスタイリングの素晴らしさを伝えていきたいです」

＼骨格診断メソッドが武器になる！／

『DROBE』で骨格診断はどう役に立つ？
『DROBE』はお客様のプロフィールから好みに合ったファッションアイテム5〜8着をプロが提案し、自宅に届けるサービス。オンラインでのやりとりのみなので、限られた情報から顧客の好みや得意とする洋服を提案するスキルが必要だが、選ぶ基準が明確な骨格診断メソッドは大きな武器に。

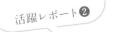
ライター／骨格診断ファッション&ビューティアドバイザー

棚田トモコさん ライター歴20年。『CLASSY.』（光文社）などを中心に、ファッションや美容企画のライターとして活動する傍ら、骨格診断ファッション&ビューティアドバイザーとしても活躍中。
Instagram：@tomoko_tanada／著書『No Kokkaku, No Fashion !』（光文社）

骨格診断を通して、
人々が毎日を楽しく
すごせるお手伝いをしたい

フリーランスのライターとして活躍する棚田トモコさんが骨格診断と出会ったのは今から約10年前。ファッション誌の企画で取材をしたのが始まりでした。「それまで身長別・体型別といったファッションコーデを紹介していましたが、腑に落ちない部分もあって……。骨格診断の理論はとても新鮮で、疑問に感じていた部分が腑落ちした気分でした」

その後も骨格診断を軸にした企画をやるたびに、読者の反響の大きさを実感したそう。

「制作課程で監修の先生と何度もやりとりをしますが、自分にも知識があれば、もっと

制作がスムースに進むのでは……と考え、資格を取ることに決めました」

資格取得後は、骨格診断ファッション・ビューティーアドバイザーとして、セミナーやイベント、テレビ出演など新たな活躍の場が増えました。本業のライター業では、骨格診断特集のライティングを、監修を含めて任されることが増えたほか、通常のファッションページでもモデルに似合うコーディネートを迷いなく選べるようになり、ページのクオリティが上がったことを実感しているそう。

「骨格タイプに合う服を着るとなぜ良いのかを、具体例を出しながらわかりやすく読者に伝えるのがライターとしての私の役目ですが、私の活動の大きな目的は、ファッションや美容を通して、人々が毎日をポジティブにすごせるお手伝いをすること。骨格診断はそのきっかけになると確信しています」

＼骨格診断メソッドが武器になる！／

感覚重視から理論重視へ

ファッション誌では、撮影前にスタイリストと編集・ライターが、モデルが着用する洋服のコーディネートを決める。以前は、感覚的にジャッジをしていたが、骨格診断メソッドを学んでからは「骨格がしっかりしているナチュラルタイプだから、ゆったりした服が似合う」と説得力のある言葉で伝えられるように。モデルの良さを最大に引き出せるようになった。

美容師／イメージコンサルタント

菅野あゆみさん　骨格診断やパーソナルカラー診断などをもとに、その人の魅力を引き出すお手伝いをする美容室『KANOI 銀座』のトップスタイリスト。
Instagram：@kan_noa_yumi

骨格診断メソッドを活かせる
美容院へ転職。パーソナルな診断で
似合うスタイルを提案

　美容師として 20 年間サロンワークに従事してきた菅野あゆみさん。担当するお客様が骨格診断とパーソナルカラー診断でイメチェンしたのを目の当たりにし、学ぶことを決めました。

　「想像もしなかった理論に触れて、これまで感覚で似合うスタイルを提案していたことに気づきました。お客様の似合う・似合わないを理論的に説明できるようになり "私のことをよくわかってくれる" と、お客様との信頼関係が増しました」

　現在は、骨格診断を取り入れたヘアスタイルや、パーソナルカラーに合うヘアカラーを提案するサロンに転職。骨格診断アナリストと美容師の経験を活かして、お客様を素敵な姿に導いています。

　「例えば、骨格ストレートの方が動きのあるヘアにしたい、というご要望の場合、巻き方を緩やかにしたり、洋服で引き算をしたりして、洋服まで含めたアドバイスをすることもあります。また、どんな髪型が似合うのかわからず、なんとなく伸ばしている方が、診断を受けて『それなら切ってみます』となることも。その人の『好き』も大切にしながら、

骨格診断メソッドを取り入れた提案をしています」

　サロンワークのほかにも、骨格診断アナリスト養成スクールでヘアスタリングの講師も務める菅野さん。骨格診断という新たな引き出しを得て、ますます活躍の場が広がっています。

＼骨格診断メソッドが武器になる！／

ヘアアレンジから服装まで
幅広く提案できる！
例えばストレートタイプで、今は髪の長さが鎖骨〜バストにかけての長さ、ロングヘアに伸ばしている最中というお客様。ストレートタイプは胸にかかる中途半端な長さやウェーブヘアが苦手なので、髪をまとめたり、外ハネにしたりといったヘアアレンジのアドバイスができるように。また、得意ではないヘアスタイルをするときは、トップスでバランスを取る着こなしをおすすめしている。

パーソナルスタイリスト／YouTuber

田村真衣さん　異業種の医療職から骨格診断やパーソナルカラー診断等の資格を取得。ULU 渋谷店、新宿代々木店の2店舗を経営。YouTube チャンネル「マイとヨーコの世界ー分かりやすい骨格診断とパーソナルカラー診断」も好評。
Instagram：@mai_ulu_color　YouTube チャンネル：https://www.youtube.com/@ulu-mai-yoko

同じ志を持つビジネスパートナーを
得て都内にサロンを
2店舗経営

骨格診断・パーソナルカラー診断のサロン（ULU）を都内に2店舗構え、お客様のファッションやメイクのアドバイスを行っている田村真衣さん。

「元々、人をおしゃれにすることに興味がありました。カナダ留学時に、海外の友人にヘアメイクをしてあげたらとても喜んでもらえたんです。その人の魅力を引き出すイメージコンサルタントという仕事に興味を持ちました」

帰国後、パーソナルカラー、骨格診断アナリスト、美顔バランス診断などのディプロマを次々に取得。ICBI が行っている開業前相談を受けて独立しました。

「お客様の紹介から仕事が広がっていきましたが、ひとりで出来ることの限界も感じて

いて…。そんなときに同じ悩みを抱えるパートナー（ヨーコ）と出会い、サロンを立ち上げることに」

今では1ヶ月で200人ものお客様が来店する人気サロンへと成長。2人が出演するYouTube チャンネルも大好評です。

「多くのお客様を診てきましたが、理論通りに素敵になっていくのを目の当たりにしています。年齢とともに似合うものは変化しますが、骨格診断メソッドの根本は変わりません。骨格診断は年齢を重ねて、似合うものに迷われている方にも知っていただきたいメソッドです。ご自身の魅力が引き出されて素敵になるのはもちろん、ムダな買い物が減り最短でキレイに近づけます」

＼骨格診断メソッドが武器になる！／

YouTube を通じて骨格診断の人気を実感
YouTube チャンネル『マイとヨーコの世界ーわかりやすい骨格診断とパーソナルカラー診断』は、チャンネル登録者数5.6万人（2024年2月現在）を突破。週に1～2本ペースで動画を配信中。最も再生された動画は、骨格診断の自己診断のやり方についての動画で、124万回以上再生されている。服の悩みを抱える人が多く、それを解決する方法として骨格診断メソッドが周知されてきたことを肌で実感している。

骨格診断を使った
イメージコンサルタント

骨格診断の技術や知識を実践レベルまで高めたら、イメージコンサルタントとして活躍することもできます。実際のコンサルティング例を見てみましょう。

コンサルティングの流れ

---

1 ヒアリング

お客様が求めるイメージや目的をしっかりヒアリングします。できれば事前にメールなどで下記のような項目を確認しておくと、当日までにしっかり準備できます。

☐ 診断を受けようと思った目的やきっかけ   ☐ なりたいイメージ
☐ 年齢   ☐ 仕事やプライベートでの服装
☐ 仕事上のドレスコードの有無   ☐ 好きなファッションスタイル
☐ 苦手なファッションスタイル   ☐ よく購入するファッションブランド　など

2 骨格診断について説明をする

「骨格診断メソッド」について説明をします。3タイプに分かれること、テイストを絞らずに幅広く提案できること、デザインだけでなく素材選びも重視することは、特にしっかりと伝えましょう。

3 診断をする

お客様とコミュニケーションをとりながら診断しましょう。ジャケットやクラッチバッグ、アクセサリーなどを用意しておくと、診断の補助として便利です。ただし、最終的には補助アイテムなしで診断できるようになるのが理想です。

4 基本の似合うアイテムを説明する

好みや目的、その人のイメージ、ドレスコードなどの制約がある場合でも、骨格診断の結果に沿って、本来似合うアイテムについては説明しておきましょう。

5 お客様の要望に合わせて提案する

診断結果をふまえたうえで、お客様の個性や好み、目的とするイメージを加味しながら具体的なスタイリングの提案をします。

コンサルティングを行うための準備

左ページのような流れでコンサルティングを行うにあたって、用意しておくと便利なものや、事前に決めておきたいことの例を紹介します。コンサルティングの内容や流れなど、お客様に喜んでもらえるような自分のやり方を見つけていきましょう。

コンサルティングに必要なものの例

● プレゼンテーションシート

各タイプの特徴や似合うものなどを簡単にまとめたシートです。ビジュアルで見せながら説明できるようなものがよいでしょう。タブレットなどでもよいですが、お客様にお渡しできる紙ベースの資料も便利です。

● スクラップブック

骨格タイプごとに似合うアイテムをファッション雑誌やウェブサイトから探してまとめておくと、説明がスムーズです。ただし、配布するのは著作権法違反にあたるため NG です。

● 診断を補助するためのアイテム

各タイプの特徴的なアイテムを用意しておくと、実際にお客様に合わせながら理解してもらえるので便利です。すぐに合わせられるジャケットやバッグ、アクセサリーなどがおすすめ。姿見もあると良いでしょう。

事前に決めておきたいこと

内容
カウンセリング、診断、提案、ショッピング同行など

価格
地域やターゲットにより異なる

所要時間
1 時間～ 1 時間半など

その他
アフターフォローや特典、キャンセルポリシーや注意事項など

場所
自宅サロンやレンタルスペース。全身のバランスが確認できるようある程度の広さが必要

ショッピング同行の方法と手順

　お客様から要望があれば、オプションとしてショッピング同行をすることもあります。ショッピング同行は、おもに提案型、同行型、ネット型の3種類。提案型は先にリクエストをもらい、それに合うアイテムを下見して見つけておいて、当日は一緒にその店に買いに行きます。同行型はお客様のショッピングに付き添って、アドバイスをするタイプ。ネット型は先に要望をヒアリングして、ネットで複数候補を検索し、画面共有などをして提案する形が多いです。

提案型の流れ

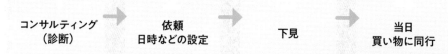

| コンサルティング
（診断） | → | 依頼
日時などの設定 | → | 下見 | → | 当日
買い物に同行 |

　要望をヒアリングし、事前に下見をして、候補となるアイテムを複数選んだうえで、当日案内するスタイルです。下見から当日を迎える間に売れてしまうこともあるので、提案するアイテムは複数選んでおくのが基本です。ゆえに、準備に時間がかかる場合が多いです。お客様にとっては、商品が絞ってあるため、時間をかけずに効率的に買い物をすることができるというメリットがあります。

同行型の流れ

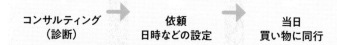

| コンサルティング
（診断） | → | 依頼
日時などの設定 | → | 当日
買い物に同行 |

　お客様のショッピングに付き添い、アドバイスするスタイル。お客様が普段買い物をするお店やお気に入りのブランドなどに一緒に行き、その人に合うデザインや素材を提案していきます。準備には時間はかかりませんが、その場で判断するスキルが必要となります。お客様は失敗なく買い物することができると同時に、自分に似合うアイテムの選び方を学べるという利点も。

コンサルティング（診断） → 依頼日時などの設定 → アイテムの下見検索 → 画面共有で提案 → 当日買い物に同行

要望をヒアリングし、事前に下見検索をして候補となるアイテムを複数選び、ネットショップを画面共有して提案をしてから、アイテムを絞ったうえで当日一緒に買い物に行きます。最近はこのネット型が増えてきています。ネットの情報だけではわからないことも多いので、現物を見ずに買うことはありません。下見をするときは、写真をできるだけ拡大し、モデルが着用しているものを複数見て確認しましょう。判断に迷うようなアイテムは、候補から外してしまうという思い切りも大切です。

事前に決めておきたいこと

\仕事？/ \プライベート？/

内容

・購入アイテム　・用途　・着用の目的

仕事で着るものなのか、プライベートで着るのか、特別な日のための服なのか。使い道がわかっていることで、お客様に必要なアイテムを効率的に選ぶことができます。

場所

・エリア　・ネットの場合は通信ツール

自分が普段から乗り換えに使っているターミナル駅など、土地勘があるエリアが有利。時間があるときに立ち寄って、日頃からブランドの新作や人気アイテムなどをチェックしておくことができます。Zoom などの通信ツールは、普段自分が使っているものにお客様に合わせてもらうのか、お客様のツールに合わせられるようにしておくのか決めることが大事です。

価格

・アイテム数で決める　・時間で決める

提案型、ネット型はアイテム数で決めるのがおすすめ。下見に時間がかかる分、価格を高めに設定する必要があります。同行型は時間で価格を決める場合がほとんど。アイテム数で決めてしまうと、決めきれずに長時間のウインドーショッピングに付き合わないといけないことも。

ミニ問題集にチャレンジ！

問題1 ストレートタイプの膝の特徴として適切なものを1つ選びなさい。

A 膝の皿が丸く出ている　　B 膝の皿が小さく目立たない　　C 膝の皿が大きめ

問題2 ウェーブタイプの魅力を活かす肌・ボディラインの見せ方として適切な箇所をA 〜Cから1つ選びなさい。

A 二の腕・背中　　B デコルテ・膝下　　C デコルテ・肩

問題3 ナチュラルタイプに似合うヘアスタイルの特徴として適切なものを2つ選びなさい。

A 直線的なストレートヘアが似合う。

B ウェーブヘア、巻髪など曲線のあるラインが似合う。

C デコルテエリアに足し算できるためセミロングが似合う。

D 個性的な印象のベリーロングスタイルが似合う。

E ラフで無造作なスタイルが似合う。

F パーマなら毛先だけのカールがよい。

問題4 ①から④にあてはまる言葉を下から選びなさい。

シフォンは（①）、リネンは（②）、ブリティッシュツイードは（③）、デニムはナチュラルタイプと（④）に似合う。

A ストレートタイプ　　B ウェーブタイプ　　C ナチュラルタイプ

問題5 以下の①〜③のネックライン・カラーが似合うとされるタイプをすべて選びなさい。

①スクエアネック　　②Uネック　　③ボーカラー

A ストレートタイプ　　B ウェーブタイプ　　C ナチュラルタイプ

問題6 以下は「スーツやテーラードジャケットの着丈」について述べた文章である。①から③にあてはまる言葉を下から選びなさい。

ストレートタイプは（①）、ウェーブタイプは（②）、ナチュラルタイプは（③）の着丈が似合う。

A 長め　　B 短め　　C 標準

問題7 以下のイラストの袖のデザインの名称として最も適切なものを1つ選びなさい。

① ベルスリーブ
② アメリカンスリーブ
③ フレンチスリーブ
④ パフスリーブ

問題8 以下は「メンズの鞄」について述べた文章である。①から③の説明に合う骨格タイプをそれぞれ選びなさい。

①サイズが小さくないもの、カジュアルなもの。
②スタンダードなデザインで小さすぎないもの。
③大きくないサイズ感で飾りがあるもの。

A ストレートタイプ　**B** ウェーブタイプ　**C** ナチュラルタイプ

問題9 以下のイラストのビジネスシャツのカラーの名称として最も適切なものを1つ選びなさい。

① ワイド
② ホリゾンタル
③ ウィングカラー
④ ドゥエボットーニ

問題10 以下のイラストのドレスラインが似合う骨格タイプをすべて選びなさい。

A ストレートタイプ
B ウェーブタイプ
C ナチュラルタイプ

解答　問題1　解答　B　→ P19
　　　問題2　解答　A　→ P25
　　　問題3　解答　D、E　→ P122
　　　問題4　解答　①B　②C　③C　④A　→ P44〜49
　　　問題5　解答　①A、B　②A　③B、C　→ P64〜68
　　　問題6　解答　①C　②B　③A　→ P110
　　　問題7　解答　③　→ P62
　　　問題8　解答　①C　②A　③B　→ P142
　　　問題9　解答　②　→ P162
　　　問題10　解答　A、B、C　→ P176

骨格診断アドバイザー検定とは

一般社団法人 ICBI 骨格診断アナリスト協会では、2020 年 10 月から階級試験制度を導入。骨格診断アドバイザー検定を実施しています。骨格診断を知識として知っておくという程度から、プロとしてお客様にアドバイスできるレベルまで、目標に応じてチャレンジできます。

3つの階級に分かれた試験がある

3級
ファッションに触れる中で、自然に身についている骨格診断の知識がどの程度あるかを確認します。

合格証書発行

2級
3タイプの特徴、それぞれに似合うデザインや素材など、骨格診断を日常に取り入れられるレベルを目指します。

合格証書発行

1級
深い知識を持ち、プロフェッショナルとしてアドバイスできる骨格診断アドバイザーとして活動することができます。

合格証書発行

骨格診断アドバイザー検定　受験要項

受験資格	1〜3級はどなたでも可能。何級からでも受験できます
試験方法・スケジュール	3級　20 問／試験時間 20 分／ IBT 試験方式 [※1] 2級　40 問／試験時間 60 分／ CBT 試験方式 [※2] 1級　50 問／試験時間 60 分／ CBT 試験方式 [※2] ※1　自宅 PC やスマホでいつでも受験可能です。 ※2　全国約 300 ヶ所にある試験会場で随時受験可能です。
検定料	3級　　1,320 円（10%消費税込） 2級　　7,700 円（10%消費税込） 1級　13,200 円（10%消費税込）[※] ※認定校受験をする場合の検定料は 10,560 円（10%消費税込）。割引コードが必要になりますので、 　必要な方はお問い合わせください
合格通知	1〜3級いずれも、試験終了後、合否結果が画面に表示されます。 合否結果のレポートは PDF でプリントアウトできます。 合格者には後日合格証が郵送されます。
申し込み方法	公式ホームページから入力・申し込みをしてください。 3級　公式ホームページからの申し込み後、そのまま受験可能（60 日以内） 2級・1級　公式ホームページからの申し込み、3 日後より受験可能
骨格診断アナリスト協会 ホームページ	https://fashion.or.jp/

問い合わせ先
骨格診断アナリスト協会　〒 104-0061 東京都中央区銀座 4-12-15　歌舞伎座タワー 20 階
☎ 03-6278-7327　customer@fashion.or.jp

協力ショップリスト

WOMEN

ABISTE
☎ 03-3401-7124

marmos ／ DMC
☎ 03-6455-0738

anapnoe ／ 14 SHOW ROOM
☎ 03-5772-1304

ANDRESD ／アンドレスド
https://www.andresd.co.jp/

Ane Mone ／サンポークリエイト
☎ 082-248-6226

Attenir
☎ 0120-165-333

Cafuné
shop@ca-fune.com

DIANA ／ DIANA 銀座本店
☎ 03-3573-4005

FEEL AND TASTE
☎ 03-3410-1631

Hh ／ 14 SHOW ROOM
☎ 03-5772-1304

in mood ／ 14 SHOW ROOM
☎ 03-5772-1304

Isn't She?
https://zozo.jp/brand/isntshe/

IT Átelier ／ 14 SHOW ROOM
☎ 03-5772-1304

KELTY ／アリガインターナショナル
☎ 03-6659-4126

kleiden ／アウ
☎ 06-6765-3118

LAUNER LONDON ／ H.I.T.
☎ 011-802-8775

LAZY SUSAN ／レイジースーザン
☎ 03-3214-1165

LE BOUQUET ／ THE SHOP SLOANE 自由が丘
☎ 03-6421-2603

Le minor ／ GUEST LIST
☎ 03-6869-6670

lip ／ H° M' S" Watch Store 表参道
☎ 03-6438-9321

Marie-Louise ／ RAYAN
☎ 03-3871-1855

MICA & DEAL ／ MICA & DEAL 恵比寿店
☎ 03-6455-0927

mimi33 ／サンポークリエイト
☎ 082-248-6226

NATURALI JEWELRY ／ NATURALI JEWELRY 新宿髙島屋店
☎ 03-3351-5107

New Balance ／ニューバランスジャパンお客様相談室
☎ 0120-85-7120

New Era®
https://www.neweracap.jp/

Olu. ／ Olu.
☎ 03-6855-3248

One/Three Compound Frame ／ DJUAL Co.,LTD.
☎ 03-6455-4690

PIPATCHARA ／ PIPATCHARA JAPAN
https://pipatchara-japan.com/

ROPE' PICNIC PASSAGE
☎ 0120-298-133

ROPE' PICNIC
☎ 0120-298-133

ROTHCO ／アースマーケティング
☎ 03-5638-9771

ROYAL PARTY LABEL ／カフカ
☎ 03-6455-7600

SIENA ROSE ／ SIENA ROSE 表参道ヒルズ店
☎ 03-6447-1215

SLOANE ／ THE SHOP SLOANE 自由が丘
☎ 03-6421-2603

So close, ／ DINOS CORPORATION
☎ 0120-343-774

STATE OF MIND ／ GUEST LIST
☎ 03-6869-6670

United Athle ／キャブ
https://united-athle.jp

upper hights ／ GUEST LIST
☎ 03-6869-6670

ur's
☎ 06-6568-9090

VIOLAd'ORO ／ PEACH
☎ 03-5411-2288

WHITE ／ SUIT SQUARE TOKYO GINZA 店
☎ 03-6264-4704

YANUK ／カイタックインターナショナル
☎ 03-5722-3684

神戸レタス
https://www.lettuce.co.jp/

MEN

A.KJAERBEDE ／ブルームーンカンパニー
☎ 03-3499-2231

Caledoor ／ BRITISH MADE 銀座店
☎ 03-6263-9955

CIMABUE ／コランド
☎ 03-3866-2650

Crockett&Jones ／トレーディングポスト 青山本店
☎ 03-5474-8725

EEL Products ／ EEL Products Nakameguro
☎ 03-6303-0284

FERRANTE ／エスディーアイ
☎ 03-6721-1070

Goodwear ／ STANLEY INTERNATIONAL
☎ 03-3760-6088

GORDON MILLER ／ GORDON MILLER KURAMAE
☎ 03-3626-5005

GORDON MILLER × CAL O LINE ／ GORDON MILLER KURAMAE
☎ 03-3626-5005

GRANSASSO ／エスディーアイ
☎ 03-6721-1070

Healthknit ／ヘルスニット・ブランズ
☎ 03-3833-1641

HILTON ／洋服の青山 池袋東口総本店
☎ 03-5952-7201

JACKET ／ BLANDET Tokyo
☎ 03-6804-3142

KINGSLEY WALTERS STUDIO ／エスディーアイ
☎ 03-6721-1070

KINLOCH ANDERSON ／ STANLEY INTERNATIONAL
☎ 03-3760-6088

MAISON Birth ／ JOYEUX
☎ 03-4361-4464

MAMNICK ／ MAMNICK TOKYO
☎ 03-6712-2882

MORLES ／洋服の青山 池袋東口総本店
☎ 03-5952-7201

NONIRONMAX ／洋服の青山 池袋東口総本店
☎ 03-5952-7201

REGAL ／洋服の青山 池袋東口総本店
☎ 03-5952-7201

REPRODUCTION OF FOUND ／ BRITISH MADE 銀座店
☎ 03-6263-9955

ROYAL MER Designed by IDEAS ／ ROYAL MER
chikako.charavet@royal-mer.com

Savile Row ／洋服の青山 池袋東口総本店
☎ 03-5952-7201

Seagreen ／ TATRAS CONCEPT STORE 青山店
☎ 03-3407-2700

SHAKA ／ブルームーンカンパニー
☎ 03-3499-2231

SOPHNET. ／ SOPH.
https://www.soph.net

TATRAS ／ TATRAS CONCEPT STORE 青山店
☎ 03-3407-2700

texnh ／ canall
☎ 03-6661-6190

Trading Post ／トレーディングポスト 青山本店
☎ 03-5474-8725

UNFILO ／オンワード樫山
☎ 03-5476-5811

uniform experiment ／ SOPH.
https://www.soph.net

Yin Year ／ JOYEUX
☎ 03-4361-4464

※アイテムの情報は 2024 年 2 月現在のものです。現在では同じ商品が販売されていないことがありますので、ご了承ください。

著者 **二神弓子**（ふたかみ・ゆみこ）

株式会社アイシービー代表取締役社長。パーソナルカラー実務検定協会、骨格診断アナリスト協会、全日本イメージコンサルタント協会の代表理事を務める。イメージコンサルタントとして多くのビジネスパーソンの印象改革を手がけるとともに、アパレルや化粧品会社の商品開発や販促の監修、社員研修やコンサルティング事業、スクール経営も行う。著書に『骨格診断×パーソナルカラー 本当に似合う服に出会える魔法のルール』『新しいパーソナルカラーの教科書』（ともに西東社）などがある。

監修協力	寺尾智子（ICBI）
撮影	草間智博
スタイリング	栗尾美月、長谷川めぐみ
イラスト	coccory、高橋なおみ
デザイン	江原レン　和田真依（mashroom design）
DTP	浮田雄介、高八重子
取材協力	河内七映、棚田トモコ、菅野あゆみ、田村真衣
写真協力	Getty images、PIXTA、tangerinespy/Shutterstock.com、Rushvol/Shutterstock.com
執筆協力	中島夕子、上村絵美
編集協力	山角優子（ヴュー企画）

骨格診断アドバイザー検定2級・1級公式テキスト
似合う！がわかる 骨格診断の教科書

2024年4月5日発行　第1版
2024年5月20日発行　第1版　第2刷

著 者	二神弓子
発行者	若松和紀
発行所	株式会社 西東社
	〒113-0034　東京都文京区湯島2-3-13
	https://www.seitosha.co.jp/
	電話　03-5800-3120（代）

※本書に記載のない内容のご質問や著者等の連絡先につきましては、お答えできかねます。

ISBN 978-4-7916-3282-4